RAPHAEL'S ASTR(

Ephemeris of the P

for 2008

A Complete Aspectarian

Mean Obliquity of the Ecliptic, 2008, 23° 26′ 18″

INTRODUCTION

Greenwich Mean Time (G.M.T.) has been used as the basis for all tabulations and times (G.M.T. is essentially the same as U.T.). The tabular data are for Greenwich Mean Time 12h., except for the Moon tabulations headed 24h. All phenomena and aspect times are now in G.M.T. To obtain Local Mean Time of aspect, add the time equivalent of the longitude if East and subtract if West.

Both in the Aspectarian and the Phenomena the 24-hour clock replaces the old a.m./p.m. system.

The zodiacal sign entries are now incorporated in the Aspectarian as well as being given in a separate table.

BRITISH SUMMER TIME

British Summer Time begins on March 30 and ends on October 26. When *British Summer Time* (one hour in advance of G.M.T.) is used, subtract one hour from B.S.T. before entering this Ephemeris.
These dates are believed to be correct at the time of printing.

Printed in Great Britain

© Strathearn Publishing Ltd. 2007

ISBN 978-0-572-03298-2

Published by
LONDON: W. FOULSHAM & CO. LTD.
BENNETTS CLOSE, SLOUGH, BERKS. ENGLAND
NEW YORK   TORONTO   CAPE TOWN   SYDNEY

2				JANUARY		2008			[RAPHAEL'S

D M	D W	Sidereal Time	☉ Long.	☉ Dec.	☽ Long.	☽ Lat.	☽ Dec.	Node	24h. ☽ Long.	☽ Dec.
		h m s	° ′ ″	° ′	° ′ ″	° ′	° ′	° ′	° ′ ″	° ′
1	T	18 42 05	10♑26 13	23 S 02	23♎18 00	4 S 10	12 S 55	0 ♓ 19	29♎14 30	15 S 22
2	W	18 46 02	11 27 23	22 57	5♏10 03	4 42	17 40	0 16	11♏05 15	19 47
3	Th	18 49 58	12 28 33	22 51	17 00 36	5 01	21 43	0 12	22 56 37	23 26
4	F	18 53 55	13 29 43	22 45	28 53 43	5 08	24 55	0 09	4 ⚺ 52 18	26 07
5	S	18 57 52	14 30 54	22 39	10⚺52 41	5 01	27 02	0 06	16 55 10	27 39
6	Su	19 01 48	15 32 05	22 32	22 59 59	4 40	27 55	0 03	29 07 18	27 51
7	M	19 05 45	16 33 16	22 25	5♑17 15	4 07	27 27	0 ♓ 00	11♑29 57	26 41
8	T	19 09 41	17 34 27	22 17	17 45 27	3 21	25 35	29 ≈ 57	24 03 46	24 09
9	W	19 13 38	18 35 38	22 09	0≈24 57	2 24	22 25	29 53	6 ≈ 48 59	20 23
10	Th	19 17 34	19 36 48	22 00	13 15 53	1 20	18 07	29 50	19 45 39	15 36
11	F	19 21 31	20 37 58	21 51	26 18 20	0 S 10	12 54	29 47	2 ♓ 53 56	10 02
12	S	19 25 27	21 39 07	21 42	9♓32 31	1 N02	7 02	29 44	16 14 08	3 S 56
13	Su	19 29 24	22 40 16	21 32	22 58 53	2 11	0 S 46	29 41	29 46 49	2 N25
14	M	19 33 21	23 41 24	21 22	6♈38 01	3 15	5 N37	29 38	13 ♈ 32 31	8 46
15	T	19 37 17	24 42 32	21 11	20 30 02	4 07	11 50	29 34	27 31 25	14 46
16	W	19 41 14	25 43 39	21 00	4 ⚌ 35 40	4 46	17 33	29 31	11 ⚌ 42 55	20 06
17	Th	19 45 10	26 44 45	20 48	18 52 52	5 08	22 22	29 28	26 05 10	24 20
18	F	19 49 07	27 45 50	20 37	3 ♊ 19 20	5 11	25 54	29 25	10 ♊ 34 47	27 04
19	S	19 53 03	28 46 55	20 24	17 50 53	4 54	27 46	29 22	25 06 54	27 59
20	Su	19 57 00	29♑47 59	20 12	2♋22 04	4 18	27 43	29 18	9 ♋ 35 34	26 59
21	M	20 00 56	0≈49 02	19 59	16 46 39	3 26	25 48	29 15	23 57 44	24 12
22	T	20 04 53	1 50 04	19 45	0♌58 39	2 22	22 15	29 12	7 ♌ 58 17	20 00
23	W	20 08 50	2 51 06	19 31	14 53 02	1 N10	17 29	29 09	21 42 30	14 42
24	Th	20 12 46	3 52 06	19 17	28 26 29	0 S 04	11 58	29 06	5 ♍ 04 52	9 02
25	F	20 16 43	4 53 06	19 03	11♍37 39	1 15	6 02	29 03	18 04 59	3 N02
26	S	20 20 39	5 54 06	18 48	24 27 05	2 22	0 N02	28 59	0 ♎ 44 16	2 S 55
27	Su	20 24 36	6 55 05	18 33	6♎56 55	3 19	5 S 48	28 56	13 05 32	8 37
28	M	20 28 32	7 56 03	18 17	19 10 36	4 06	11 18	28 53	25 12 40	13 52
29	T	20 32 29	8 57 01	18 01	1♏12 20	4 42	16 18	28 50	7 ♏ 10 11	18 33
30	W	20 36 25	9 57 57	17 45	13 06 49	5 05	20 37	28 47	19 02 51	22 29
31	Th	20 40 22	10≈58 54	17 S 29	24♏58 53	5 S 15	24 S 06	28 ≈ 44	0 ✗ 55 29	25 S 29

D M	Mercury			Venus			Mars			Jupiter	
	Lat.	Dec.		Lat.	Dec.		Lat.	Dec.		Lat.	Dec.
	° ′	° ′	° ′	° ′	° ′	° ′	° ′	° ′	° ′	° ′	° ′
1	2 S 09	24 S 12	23 S 58	2 N 01	18 S 36	18 S 52	3 N 30	26 N57	26 N 58	0 N 10	23 S 14
3	2 09	23 43	23 26	1 58	19 07	19 22	3 32	26 58	26 59	0 10	23 14
5	2 08	23 07	22 47	1 54	19 36	19 50	3 33	26 59	26 59	0 10	23 13
7	2 05	22 25	22 02	1 50	20 03	20 16	3 34	26 59	26 59	0 10	23 12
9	1 59	21 37	21 11	1 45	20 28	20 40	3 34	26 59	26 58	0 09	23 11
11	1 51	20 44	20 15	1 41	20 51	21 01	3 34	26 58	26 57	0 09	23 11
13	1 40	19 45	19 14	1 36	21 11	21 21	3 34	26 57	26 56	0 09	23 10
15	1 26	18 42	18 10	1 31	21 29	21 37	3 34	26 56	26 55	0 09	23 09
17	1 08	17 36	17 02	1 26	21 45	21 52	3 33	26 54	26 53	0 09	23 07
19	0 47	16 28	15 54	1 20	21 58	22 04	3 32	26 52	26 51	0 09	23 06
21	0 S 22	15 21	14 48	1 15	22 09	22 13	3 31	26 50	26 50	0 08	23 05
23	0 N06	14 16	13 46	1 09	22 17	22 20	3 29	26 49	26 48	0 08	23 02
25	0 38	13 18	12 52	1 03	22 23	22 24	3 28	26 47	26 46	0 08	23 00
27	1 12	12 29	12 09	0 58	22 25	22 26	3 26	26 45	26 44	0 08	22 59
29	1 47	11 53	11 S 41	0 52	22 26	22 S 25	3 24	26 43	26 N 42	0 08	22 57
31	2 N22	11 S 33		0 N 46	22 S 23		3 N 22	26 N41		0 N 07	22 S 57

FULL MOON – Jan.22,13h.35m. (1°♌54′)

EPHEMERIS]			JANUARY 2008														3
D	☿	♀	♂	♃	♄	♅	♆	♇	Lunar Aspects								
M	Long.	Long.	Long.	Long.	Long.	Long.	Long.	Long.	☉	☿	♀	♂	♃	♄	♅	♆	♇
	° ′	° ′	° ′	° ′	° ′	° ′	° ′	° ′									
1	19♑05	2♐07	29♊42	3♑08	8♍25	15♓23	20♒16	29♐09		□				∠		△	⚹
2	20 43	3 20	29R 21	3 22	8R 23	15 25	20 18	29 12			⊻	△	⚹	⚹	⚼		
3	22 21	4 33	29 00	3 35	8 22	15 27	20 20	29 14	⚹			⚼	∠		△	□	∠
4	23 59	5 45	28 39	3 49	8 20	15 29	20 22	29 16	∠	⚹			⊻				⊻
5	25 36	6 58	28 20	4 03	8 18	15 31	20 24	29 18	⊻	∠	☌			□	□		
6	27 14	8 11	28 00	4 16	8 16	15 33	20 26	29 20		⊻		☍				⚹	
7	28♑52	9 24	27 42	4 30	8 14	15 35	20 28	29 22			⊻		☌	△		∠	☌
8	0♒29	10 37	27 24	4 44	8 12	15 37	20 30	29 24	☌					⚼	⚹	⊻	
9	2 06	11 51	27 07	4 57	8 10	15 39	20 32	29 27		●	∠		⊻		∠		⊻
10	3 43	13 04	26 50	5 11	8 08	15 42	20 34	29 29			⚹	⚼			⊻		∠
11	5 19	14 17	26 34	5 24	8 05	15 44	20 36	29 31	⊻			△	∠			☌	⚹
12	6 54	15 30	26 19	5 38	8 03	15 46	20 38	29 33	∠	⊻	□		⚹	☍	☌		
13	8 27	16 43	26 05	5 51	8 00	15 48	20 40	29 35	⚹	∠		□				⊻	□
14	9 59	17 57	25 52	6 05	7 58	15 51	20 42	29 37		⚹			□			∠	
15	11 30	19 10	25 39	6 18	7 55	15 53	20 44	29 39	□		△	⚹		⚼	⊻	⚹	
16	12 58	20 24	25 27	6 32	7 52	15 56	20 46	29 41			⚼	∠	△	△	∠		△
17	14 23	21 37	25 16	6 45	7 49	15 58	20 48	29 43		□		⊻	⚼		⚹	□	⚼
18	15 45	22 50	25 06	6 58	7 46	16 01	20 50	29 45	△					□			
19	17 03	24 04	24 56	7 12	7 43	16 03	20 52	29 47	⚼	△	☍	●			□	△	
20	18 17	25 18	24 47	7 25	7 40	16 06	20 55	29 49		⚼			☍	⚹		⚼	☍
21	19 26	26 31	24 39	7 38	7 36	16 08	20 57	29 51						∠	△		
22	20 28	27 45	24 32	7 52	7 33	16 11	20 59	29 53	☍			⊻		⊻	⚼		
23	21 24	28♐58	24 26	8 05	7 30	16 14	21 01	29 55			⚼	∠				☍	⚼
24	22 12	0♑12	24 21	8 18	7 26	16 17	21 03	29 57		☍	△	⚹	⚼				△
25	22 52	1 26	24 16	8 31	7 22	16 19	21 06	29♐59					△	☌	☍		
26	23 22	2 39	24 12	8 44	7 19	16 22	21 08	0♑01	⚼			□					□
27	23 43	3 53	24 09	8 57	7 15	16 25	21 10	0 03	△	⚼	□		□	⊻		⚼	
28	23 52	5 07	24 07	9 10	7 11	16 28	21 12	0 04		△		△		∠		△	
29	23R 50	6 21	24 05	9 23	7 07	16 31	21 14	0 06			⚹			⚹	⚼		⚹
30	23 37	7 35	24 05	9 36	7 03	16 33	21 17	0 08	□			⚼	⚹		△		∠
31	23♒13	8♑48	24♊05	9♑48	6♍59	16♓36	21♒19	0♑10		□	∠		∠			□	⊻

D	Saturn		Uranus		Neptune		Pluto	
M	Lat.	Dec.	Lat.	Dec.	Lat.	Dec.	Lat.	Dec.
	° ′	° ′	° ′	° ′	° ′	° ′	° ′	° ′
1	1N41	9N59	0S45	6S27	0S17	15S00	6N17	17S09
3	1 42	10 00	0 45	6 26	0 17	14 59	6 17	17 09
5	1 42	10 02	0 45	6 24	0 17	14 58	6 17	17 09
7	1 43	10 04	0 45	6 23	0 17	14 57	6 17	17 10
9	1 43	10 06	0 45	6 21	0 17	14 55	6 17	17 10
11	1 43	10 08	0 45	6 19	0 17	14 54	6 17	17 10
13	1 44	10 10	0 45	6 17	0 17	14 53	6 17	17 10
15	1 44	10 13	0 45	6 15	0 17	14 51	6 17	17 10
17	1 45	10 15	0 45	6 13	0 17	14 50	6 17	17 10
19	1 45	10 18	0 45	6 11	0 17	14 49	6 17	17 10
21	1 46	10 21	0 45	6 09	0 17	14 47	6 17	17 10
23	1 46	10 24	0 45	6 07	0 17	14 46	6 17	17 10
25	1 46	10 27	0 45	6 05	0 17	14 45	6 17	17 10
27	1 47	10 30	0 45	6 03	0 17	14 43	6 17	17 10
29	1 47	10 33	0 44	6 00	0 17	14 42	6 17	17 10
31	1N47	10N37	0S44	5S58	0S17	14S40	6N17	17S10

Mutual Aspects

2 ☿⊻♆. ♀⊻♃. ♂☍♇. ♃Q♅.
4 ☿⚼♄.
5 ☉⊥♆. ☿∥♃.
6 ☉⚹♅. ☿⊽♂. ♀□♄. ♀Q♆.
7 ☿⊻♇. ☉∥☿.
8 ☿∠♅. 9 ☿±♄.
10 ☿±♂.
11 ☉⊻♆. ☿⊻♃. ☿⊥♇. ☿∥♀.
12 ♀□♅. ♃∠♆.
13 ☉⊥♀. ☉⚼♄. ☿⊽♄. ♂Q♄.
14 ☿⊥♅. ☉∥♀.
15 ☿⚼♂.
16 ☉⊽♂. ☿⊥♃. ♀⚹♆.
17 ☿∠♇.
18 ☿⊻♅. ☿∥♇.
20 ☉⊻♇. ♀☍♂.
21 ☉±♂. ☉∠♅. ♃△♄.
22 ☉±♄. ☿∥♆.
23 ☿☌♆. 24 ♀☌♇.
26 ☉⊥♇.
27 ☉⊽♄. ♀Q♅.
28 ☿Stat.
29 ☉⚼♂. ♀∠♆.
30 ☉⊻♃. ♀△♄. ♂Stat.
31 ☉⊥♅. ☿∠♀.

LAST QUARTER – Jan.30,05h.03m. (9°♏40′)

4						FEBRUARY		2008			[RAPHAEL'S	

D	D	Sidereal	⊙	⊙	☽	☽	☽	☽		24h.	
M	W	Time	Long.	Dec.	Long.	Lat.	Dec.	Node	☽ Long.	☽ Dec.

		h m s	° ′ ″	° ′	° ′ ″	° ′	° ′	° ′	° ′ ″	° ′
1	F	20 44 19	11≈59 49	17 S 12	6✗ 53 14	5 S 12	26 S 35	28 ≈ 40	12 ✗ 52 39	27 S 23
2	S	20 48 15	13 00 44	16 55	18 54 12	4 54	27 52	28 37	24 58 22	28 01
3	Su	20 52 12	14 01 38	16 37	1 ♑ 05 32	4 24	27 50	28 34	7 ♑ 16 02	27 18
4	M	20 56 08	15 02 31	16 19	13 30 09	3 41	26 25	28 31	19 48 06	25 11
5	T	21 00 05	16 03 23	16 01	26 10 04	2 46	23 38	28 28	2 ≈ 36 06	21 46
6	W	21 04 01	17 04 14	15 43	9≈06 14	1 41	19 36	28 24	15 40 25	17 11
7	Th	21 07 58	18 05 04	15 25	22 18 34	0 S 30	14 33	28 21	29 00 31	11 42
8	F	21 11 54	19 05 53	15 06	5 ♓ 46 03	0 N 45	8 42	28 18	12 ♓ 34 56	5 S 35
9	S	21 15 51	20 06 40	14 47	19 26 54	1 58	2 S 22	28 15	26 21 39	0 N 53
10	Su	21 19 48	21 07 25	14 27	3 ♈ 18 53	3 05	4 N 09	28 12	10 ♈ 18 16	7 22
11	M	21 23 44	22 08 09	14 08	17 19 29	4 02	10 31	28 09	24 22 14	13 33
12	T	21 27 41	23 08 52	13 48	1 ♉ 26 13	4 44	16 25	28 05	8 ♉ 31 08	19 04
13	W	21 31 37	24 09 33	13 28	15 36 41	5 10	21 27	28 02	22 42 35	23 32
14	Th	21 35 34	25 10 12	13 08	29 48 34	5 17	25 16	27 59	6 ♊ 54 20	26 36
15	F	21 39 30	26 10 50	12 47	13 ♊ 59 36	5 04	27 31	27 56	21 04 04	27 59
16	S	21 43 27	27 11 26	12 27	28 07 27	4 34	27 59	27 53	5 ♋ 09 25	27 32
17	Su	21 47 23	28 12 00	12 06	12 ♋ 09 39	3 47	26 39	27 49	19 07 50	25 21
18	M	21 51 20	29≈12 32	11 45	26 03 39	2 47	23 40	27 46	2 ♌ 56 45	21 40
19	T	21 55 17	0 ♓ 13 03	11 24	9 ♌ 46 52	1 38	19 22	27 43	16 33 41	16 51
20	W	21 59 13	1 13 32	11 02	23 16 59	0 N 25	14 09	27 40	29 56 31	11 18
21	Th	22 03 10	2 13 59	10 41	6 ♍ 32 09	0 S 49	8 22	27 37	13 ♍ 03 46	5 N 22
22	F	22 07 06	3 14 24	10 19	19 31 17	1 58	2 N 21	27 34	25 54 44	0 S 40
23	S	22 11 03	4 14 48	9 57	2 ♎ 14 10	3 00	3 S 38	27 30	8 ♎ 29 44	6 32
24	Su	22 14 59	5 15 11	9 35	14 41 38	3 52	9 21	27 27	20 50 08	12 03
25	M	22 18 56	6 15 32	9 13	26 55 32	4 32	14 36	27 24	2 ♏ 58 13	17 00
26	T	22 22 52	7 15 52	8 51	8 ♏ 58 36	5 00	19 13	27 21	14 57 11	21 14
27	W	22 26 49	8 16 10	8 28	20 54 26	5 14	23 02	27 18	26 50 54	24 35
28	Th	22 30 46	9 16 26	8 06	2 ✗ 47 09	5 15	25 52	27 15	8 ✗ 43 46	26 52
29	F	22 34 42	10 ♓ 16 42	7 S 43	14 ✗ 41 20	5 S 02	27 S 34	27 ≈ 11	20 ✗ 40 27	27 S 57

D	Mercury		Venus		Mars		Jupiter	
M	Lat.	Dec.	Lat.	Dec.	Lat.	Dec.	Lat.	Dec.

	° ′	° ′	° ′	° ′	° ′	° ′	° ′	° ′			
1	2 N38	11 S 29		0 N 43	22 S 21		3 N 21	26 N40		0 N 07	22 S 56
3	3 06	11 34	11 S 29	0 37	22 15	22 S 18	3 19	26 38	26 N 39	0 07	22 55
5	3 27	11 54	11 42	0 31	22 06	22 10	3 17	26 36	26 37	0 07	22 53
7	3 39	12 26	12 09	0 25	21 54	22 00	3 15	26 34	26 35	0 07	22 51
9	3 40	13 05	12 45	0 19	21 39	21 47	3 13	26 33	26 34	0 07	22 49
			13 26			21 31			26 32		
11	3 33	13 47	14 08	0 21	21 23	21 13	3 11	26 31	26 30	0 07	22 47
13	3 19	14 28	14 47	0 07	21 03	20 52	3 08	26 29	26 29	0 06	22 45
15	2 59	15 05	15 22	0 N 01	20 41	20 29	3 06	26 28	26 27	0 06	22 43
17	2 36	15 38	15 52	0 S 05	20 17	20 04	3 04	26 26	26 26	0 06	22 41
19	2 11	16 04	16 15	0 11	19 50	19 36	3 02	26 25	26 24	0 06	22 39
21	1 46	16 24	16 32	0 16	19 21	19 05	2 59	26 23	26 22	0 06	22 36
23	1 20	16 38	16 42	0 22	18 49	18 33	2 57	26 22	26 21	0 05	22 34
25	0 56	16 45	16 46	0 27	18 16	17 58	2 55	26 20	26 19	0 05	22 31
27	0 32	16 45	16 43	0 32	17 40	17 22	2 52	26 18	26 17	0 05	22 30
29	0 N09	16 40	16 S 35	0 37	17 03	16 S 43	2 50	26 16	26 N 15	0 05	22 27
31	0 S 12	16 S 29		0 S 42	16 S 23		2 N 48	26 N14		0 N 05	22 S 25

EPHEMERIS]				FEBRUARY 2008														5
D	☿	♀	♂	♃	♄	♅	♆	♇	Lunar Aspects									
M	Long.	Long.	Long.	Long.	Long.	Long.	Long.	Long.	☉	☿	♀	♂	♃	♄	♅	♆	♇
	° ′	° ′	° ′	° ′	° ′	° ′	° ′	° ′									
1	22♒38	10♑02	24♊06	10♑01	6♍55	16♓39	21♒21	0♑12	✱		⊻		⊻	□			
2	21R 53	11 16	24D 07	10 14	6R 51	16 42	21 23	0 13		✱		☍			□	✱	
3	20 59	12 30	24 09	10 27	6 47	16 45	21 26	0 15	∠	∠				△		∠	☌
4	19 57	13 44	24 12	10 39	6 42	16 48	21 28	0 17	⊻	⊻	☌		☌		✱		
5	18 50	14 58	24 16	10 52	6 38	16 51	21 30	0 19						⚼	∠	⊻	⊻
6	17 39	16 12	24 21	11 04	6 34	16 55	21 33	0 20				⚼	⊻				∠
7	16 27	17 26	24 26	11 17	6 29	16 58	21 35	0 22	●	☌	⊻	△	∠		⊻	☌	
8	15 15	18 40	24 32	11 29	6 25	17 01	21 37	0 23			∠		✱	☍			✱
9	14 05	19 54	24 38	11 41	6 20	17 04	21 39	0 25	⊻	⊻	✱	□			☌	⊻	
10	12 59	21 08	24 45	11 53	6 16	17 07	21 42	0 27	∠	∠						∠	□
11	11 59	22 22	24 53	12 05	6 11	17 10	21 44	0 28	✱	✱	□		□	⚼	⊻	✱	
12	11 05	23 36	25 01	12 18	6 06	17 13	21 46	0 30				✱		△	∠		△
13	10 18	24 50	25 10	12 30	6 02	17 17	21 48	0 31		□		∠	△		✱	□	⚼
14	9 39	26 04	25 20	12 41	5 57	17 20	21 51	0 33	□		△	⊻	⚼	□			
15	9 08	27 18	25 30	12 53	5 52	17 23	21 53	0 34		△	⚼				□		
16	8 44	28 32	25 41	13 05	5 48	17 26	21 55	0 36	△	⚼		☌				△	☍
17	8 29	29♑47	25 52	13 17	5 43	17 30	21 58	0 37	⚼				☍	✱	△	⚼	
18	8 21	1♒01	26 04	13 28	5 38	17 33	22 00	0 38			☍	⊻		∠	⚼		
19	8D 20	2 15	26 17	13 40	5 33	17 36	22 02	0 40		☍		∠		⊻			⚼
20	8 26	3 29	26 30	13 51	5 29	17 40	22 04	0 41				✱	⚼			☍	
21	8 38	4 43	26 43	14 03	5 24	17 43	22 07	0 42	●–●					☌			△
22	8 56	5 57	26 57	14 14	5 19	17 46	22 09	0 44		⚼	⚼		△		☍		
23	9 20	7 11	27 12	14 25	5 14	17 50	22 11	0 45			△	□		⊻		⚼	□
24	9 49	8 25	27 27	14 36	5 09	17 53	22 13	0 46	⚼	△			□	∠			
25	10 23	9 39	27 42	14 47	5 04	17 56	22 16	0 47				△				△	✱
26	11 02	10 54	27 58	14 58	5 00	18 00	22 18	0 48	△	□	□	⚼		✱	⚼		
27	11 44	12 08	28 15	15 09	4 55	18 03	22 20	0 49					✱		△	□	∠
28	12 31	13 22	28 31	15 20	4 50	18 07	22 22	0 50					∠	□			⊻
29	13♒20	14♒36	28♊49	15♑31	4♍45	18♓10	22♒24	0♑52	□	✱	✱		⊻		□		

D	Saturn		Uranus		Neptune		Pluto	
M	Lat.	Dec.	Lat.	Dec.	Lat.	Dec.	Lat.	Dec.
	° ′	° ′	° ′	° ′	° ′	° ′	° ′	° ′
1	1N48	10N38	0S44	5S57	0S17	14S40	6N17	17S10
3	1 48	10 42	0 44	5 55	0 18	14 38	6 17	17 10
5	1 48	10 45	0 44	5 52	0 18	14 37	6 17	17 09
7	1 49	10 49	0 44	5 50	0 18	14 35	6 17	17 09
9	1 49	10 52	0 44	5 47	0 18	14 34	6 17	17 09
11	1 49	10 56	0 44	5 45	0 18	14 32	6 17	17 09
13	1 49	11 00	0 44	5 42	0 18	14 31	6 17	17 09
15	1 50	11 03	0 44	5 40	0 18	14 30	6 18	17 09
17	1 50	11 07	0 44	5 37	0 18	14 28	6 18	17 09
19	1 50	11 11	0 44	5 35	0 18	14 27	6 18	17 09
21	1 50	11 15	0 44	5 32	0 18	14 25	6 18	17 08
23	1 50	11 18	0 44	5 29	0 18	14 24	6 18	17 08
25	1 51	11 22	0 44	5 27	0 18	14 22	6 18	17 08
27	1 51	11 26	0 44	5 24	0 18	14 21	6 18	17 08
29	1 51	11 29	0 44	5 21	0 18	14 19	6 19	17 08
31	1N51	11N33	0S44	5S19	0S18	14S18	6N19	17S07

Mutual Aspects

1 ♀☌♃. ☉∥♇.
3 ☿☌♆.
4 ☉∠♇. ☿⊥♀.
5 ♀⊥♆.
6 ☉☌☿. ☉⊥♃. ☉⊻♅. ☿⊥♃.
7 ☿⊻♀. ☿⊻♅. ♀✱♅. ♂Q♄.
8 ☿∠♇.
10 ☉⊻♀. ♀⚼♄. ♀⊻♆. ☉∥♆.
11 ☉☌♆. ☿⊻♃.
12 ☿⊥♅. ☉∥☿.
13 ☿⚼♂. ♀∇♂. ☿∥♆.
14 ☉△♂.
17 ☉∠♃. ♀±♄.
18 ♀⊻♇.
19 ☉✱♇. ♀±♂. ♀∠♅. ☿Stat.
20 ☉#♄. 22 ♀∇♄.
23 ♀⊥♇.
24 ☉☍♄.
26 ☿☌♀.
27 ☿⊥♅. ♀⊥♅.
28 ♀⚼♂. 29 ♀∥♇.

6						MARCH		2008		[RAPHAEL'S	

D	D	Sidereal	☉	☉	☽	☽	☽	☽	24h.	
M	W	Time	Long.	Dec.	Long.	Lat.	Dec.	Node	☽ Long.	☽ Dec.

		h m s	° ′ ″	° ′	° ′ ″	° ′	° ′	° ′	° ′ ″	° ′
1	S	22 38 39	11 ♓ 16 56	7 S 20	26 ✗ 41 43	4 S 37	28 S 01	27 ≈ 08	2 ♐ 45 41	27 S 44
2	Su	22 42 35	12 17 08	6 57	8 ♐ 52 55	3 58	27 06	27 05	15 03 57	26 08
3	M	22 46 32	13 17 19	6 34	21 19 14	3 08	24 50	27 02	27 39 11	23 13
4	T	22 50 28	14 17 28	6 11	4 ≈ 04 10	2 07	21 18	26 59	10 ≈ 34 26	19 05
5	W	22 54 25	15 17 35	5 48	17 10 10	0 S 58	16 37	26 55	23 51 26	13 54
6	Th	22 58 21	16 17 41	5 24	0 ♓ 38 11	0 N16	11 00	26 52	7 ♓ 30 15	7 55
7	F	23 02 18	17 17 44	5 01	14 27 21	1 31	4 S 43	26 49	21 29 05	1 S 26
8	S	23 06 15	18 17 46	4 38	28 34 56	2 42	1 N55	26 46	5 ♈ 44 19	5 N15
9	Su	23 10 11	19 17 46	4 14	12 ♈ 56 31	3 44	8 33	26 43	20 10 49	11 44
10	M	23 14 08	20 17 44	3 51	27 26 26	4 32	14 47	26 40	4 ♉ 42 37	17 38
11	T	23 18 04	21 17 40	3 27	11 ♉ 58 37	5 02	20 13	26 36	19 13 45	22 30
12	W	23 22 01	22 17 34	3 03	26 27 23	5 14	24 27	26 33	3 ♊ 39 00	25 59
13	Th	23 25 57	23 17 25	2 40	10 ♊ 48 16	5 05	27 06	26 30	17 54 30	27 46
14	F	23 29 54	24 17 15	2 16	24 57 46	4 39	27 59	26 27	1 ♋ 57 48	27 44
15	S	23 33 50	25 17 02	1 52	8 ♋ 54 29	3 56	27 03	26 24	15 47 46	25 58
16	Su	23 37 47	26 16 47	1 29	22 37 40	3 00	24 30	26 21	29 24 14	22 41
17	M	23 41 44	27 16 29	1 05	6 ♌ 07 29	1 55	20 36	26 17	12 ♌ 47 31	18 15
18	T	23 45 40	28 16 09	0 41	19 24 22	0 N44	15 42	26 14	25 58 08	13 00
19	W	23 49 37	29 ♓ 15 47	0 S 18	2 ♍ 28 52	0 S 27	10 10	26 11	8 ♍ 56 35	7 16
20	Th	23 53 33	0 ♈ 15 23	0 N06	15 21 22	1 36	4 N18	26 08	21 43 13	1 N19
21	F	23 57 30	1 14 57	0 30	28 02 12	2 39	1 S 39	26 05	4 ♎ 18 21	4 S 34
22	S	0 01 26	2 14 28	0 53	10 ♎ 31 43	3 33	7 26	26 01	16 42 23	10 12
23	Su	0 05 23	3 13 58	1 17	22 50 28	4 16	12 50	25 58	28 56 07	15 21
24	M	0 09 19	4 13 25	1 41	4 ♏ 59 28	4 47	17 41	25 55	11 ♏ 00 47	19 50
25	T	0 13 16	5 12 51	2 04	17 00 18	5 05	21 47	25 52	22 58 20	23 29
26	W	0 17 13	6 12 15	2 28	28 55 15	5 09	24 57	25 49	4 ✗ 51 27	26 08
27	Th	0 21 09	7 11 38	2 51	10 ✗ 47 23	5 01	27 01	25 46	16 43 32	27 37
28	F	0 25 06	8 10 58	3 15	22 40 28	4 39	27 53	25 42	28 38 42	27 49
29	S	0 29 02	9 10 17	3 38	4 ♐ 38 51	4 05	27 26	25 39	10 ♐ 41 32	26 43
30	Su	0 32 59	10 09 34	4 01	16 47 20	3 20	25 41	25 36	22 56 54	24 20
31	M	0 36 55	11 ♈ 08 49	4 N25	29 ♐ 10 50	2 S 24	22 S 40	25 ≈ 33	5 ≈ 29 42	20 S 43

D		Mercury			Venus			Mars			Jupiter	
M	Lat.	Dec.		Lat.	Dec.		Lat.	Dec.		Lat.	Dec.	

	° ′	° ′	° ′	° ′	° ′	° ′	° ′	° ′	° ′	° ′	° ′	
1	0 S 01	16 S 35		0 S 39	16 S 43		2 N 49	26 N15		0 N 05	22 S 26	
3	0 22	16 21	16 S 29	0 44	16 02	16 S 23	2 47	26 13	26 N 14	0 05	22 24	
5	0 41	16 00	16 11	0 49	15 20	15 42	2 45	26 11	26 12	0 04	22 22	
7	0 58	15 34	15 48	0 53	14 36	14 58	2 42	26 09	26 10	0 04	22 19	
9	1 14	15 03	15 19	0 57	13 50	14 13	2 40	26 06	26 07	0 04	22 17	
			14 45			13 27			26 05				
11	1 28	14 26		1 01	13 02		2 38	26 03		0 04	22 15	
13	1 40	13 44	14 05	1 05	12 15	12 39	2 36	26 00	26 02	0 04	22 13	
15	1 51	12 56	13 21	1 08	11 25	11 50	2 34	25 57	25 58	0 04	22 11	
17	2 00	12 04	12 30	1 12	10 34	10 59	2 32	25 53	25 55	0 03	22 08	
19	2 08	11 06	11 35	1 15	9 41	10 08	2 30	25 49	25 51	0 03	22 06	
			10 35			9 15			25 47				
21	2 14	10 03		1 17	8 48		2 28	25 45		0 03	22 04	
23	2 18	8 56	9 30	1 20	7 54	8 21	2 26	25 41	25 43	0 03	22 02	
25	2 20	7 44	8 20	1 22	6 58	7 26	2 24	25 36	25 38	0 03	22 00	
27	2 20	6 27	7 06	1 24	6 02	6 31	2 22	25 30	25 33	0 02	21 5	
29	2 19	5 05	5 47	1 26	5 06	5 34	2 20	25 25	25 28	0 02	21 5	
31	2 S 15	3 S 40	4 S 23	1 S 27	4 S 09	4 S 37	2 N 18	25 N19	25 N 22	0 N 02	21 S 5	

FULL MOON–Mar.21,18h.40m. (1°♎31′)

D M	☿ Long.	♀ Long.	♂ Long.	♃ Long.	♄ Long.	♅ Long.	♆ Long.	♇ Long.	☉	☿	♀	♂	♃	♄	♅	♆	♇
	° ′	° ′	° ′	° ′	° ′	° ′	° ′	° ′									
1	14♒14	15♒50	29♊06	15♑41	4♍40	18♓13	22♒27	0♑53		∠	∠	☍				⚹	☌
2	15 10	17 05	29 24	15 52	4R 35	18 17	22 29	0 54	⚹					△		∠	
3	16 09	18 19	29♊43	16 02	4 31	18 20	22 31	0 55		⚺	⚺		☌	⚼	⚹	⚺	
4	17 10	19 33	0♋02	16 12	4 26	18 24	22 33	0 55	∠						∠		⚺
5	18 15	20 47	0 21	16 22	4 21	18 27	22 35	0 56	⚺	●	●	⚼	⚺		⚺	☌	∠
6	19 21	22 01	0 40	16 32	4 17	18 31	22 37	0 57				△	∠	☍			⚹
7	20 30	23 16	1 00	16 42	4 12	18 34	22 40	0 58	☌	⚺			⚹		☌		
8	21 40	24 30	1 21	16 52	4 07	18 37	22 42	0 59			⚺	□				⚺	□
9	22 53	25 44	1 41	17 02	4 03	18 41	22 44	1 00	⚺	∠	∠		□	⚼	⚺	∠	
10	24 08	26 58	2 02	17 12	3 58	18 44	22 46	1 00		⚹	⚹	⚹		△	∠	⚹	△
11	25 24	28 12	2 24	17 21	3 54	18 48	22 48	1 01	∠			∠	△		⚹		⚼
12	26 42	29♒26	2 45	17 30	3 49	18 51	22 50	1 02	⚹	□	□	⚺	⚼			□	
13	28 02	0♓41	3 08	17 40	3 45	18 55	22 52	1 03						□			
14	29♒23	1 55	3 30	17 49	3 40	18 58	22 54	1 03	□	△					□	△	☍
15	0♓46	3 09	3 52	17 58	3 36	19 01	22 56	1 04			△	☌		⚹		⚼	
16	2 10	4 23	4 15	18 07	3 32	19 05	22 58	1 04	△	⚼	⚼		☍	∠	△		
17	3 36	5 37	4 39	18 15	3 28	19 08	23 00	1 05	⚼			⚺		⚺	⚼		
18	5 03	6 51	5 02	18 24	3 23	19 12	23 02	1 05				∠				☍	⚼
19	6 32	8 06	5 26	18 33	3 19	19 15	23 04	1 06		☍	☍	⚹	⚼	☌			△
20	8 02	9 20	5 50	18 41	3 15	19 18	23 06	1 06					△		☍		
21	9 33	10 34	6 14	18 49	3 11	19 22	23 08	1 07	☍					⚺			□
22	11 06	11 48	6 39	18 57	3 07	19 25	23 10	1 07				□				⚼	
23	12 40	13 02	7 03	19 05	3 03	19 29	23 11	1 07		⚼	⚼		□	∠		△	
24	14 15	14 16	7 28	19 13	3 00	19 32	23 13	1 08				△		⚹	⚼		⚹
25	15 52	15 30	7 54	19 21	2 56	19 35	23 15	1 08	⚼	△	△		⚹		△		∠
26	17 30	16 45	8 19	19 28	2 52	19 39	23 17	1 08				⚼	∠	□		□	⚺
27	19 09	17 59	8 45	19 36	2 49	19 42	23 19	1 08	△								
28	20 50	19 13	9 11	19 43	2 45	19 45	23 20	1 09		□	□		⚺		□	⚹	
29	22 32	20 27	9 37	19 50	2 42	19 49	23 22	1 09	□			☍		△		∠	☌
30	24 15	21 41	10 03	19 57	2 39	19 52	23 24	1 09			⚹		☌	⚼	⚹		
31	26♓00	22♓55	10♋30	20♑04	2♍35	19♓55	23♒26	1♑09		⚹					∠	⚺	⚺

D M	Saturn Lat.	Saturn Dec.	Uranus Lat.	Uranus Dec.	Neptune Lat.	Neptune Dec.	Pluto Lat.	Pluto Dec.
	° ′	° ′	° ′	° ′	° ′	° ′	° ′	° ′
1	1N51	11N29	0S44	5S21	0S18	14S19	6N19	17S08
3	1 51	11 33	0 44	5 19	0 18	14 18	6 19	17 07
5	1 51	11 37	0 44	5 16	0 18	14 17	6 19	17 07
7	1 51	11 40	0 44	5 13	0 18	14 15	6 19	17 07
9	1 51	11 44	0 44	5 11	0 18	14 14	6 19	17 07
11	1 51	11 47	0 44	5 08	0 18	14 13	6 20	17 07
13	1 51	11 50	0 44	5 05	0 18	14 11	6 20	17 06
15	1 51	11 53	0 44	5 02	0 18	14 10	6 20	17 06
17	1 51	11 57	0 44	5 00	0 18	14 09	6 20	17 06
19	1 51	12 00	0 44	4 57	0 18	14 08	6 20	17 06
21	1 51	12 02	0 44	4 54	0 18	14 06	6 21	17 05
23	1 51	12 05	0 44	4 52	0 18	14 05	6 21	17 05
25	1 51	12 08	0 44	4 49	0 18	14 04	6 21	17 05
27	1 51	12 11	0 44	4 47	0 18	14 03	6 21	17 05
29	1 51	12 13	0 44	4 44	0 18	14 02	6 22	17 05
31	1N51	12N15	0S44	4S41	0S18	14S00	6N22	17S04

Mutual Aspects

1 ☿⚼♂. ♀⚺♃. ♀∠♇.
2 ☿ ∥ ♀.
3 ☉Q♇. ☿⚺♃. ☿∠♇. ♀⚺♅.
5 ☿⚺♅.
6 ☉⚹♃. ♀⊥♃.
7 ♀☌♆. ♂☍♇. ♃⊥♆. ☉ ∥ ♅.
8 ☉☌♅. ♀ ∥ ♆.
9 ☿⊥♃. ☿☌♆.
12 ☿ ∥ ♆.
13 ☉⚺♆. ♀⚹♇.
14 ♂⚹♄. ♀ # ♄.
15 ☿⚹♇. ♀∠♃. ♀☍♄.
16 ♀△♂.
17 ☿∠♃. ☿☍♄. ☿ # ♄.
18 ☿△♂. ♃⚼♄.
19 ☉⊥♆. 20 ☉Q♃.
21 ☉□♇.
23 ☉∇♄. ☿Q♇. ♀Q♇.
24 ☿☌♀. 26 ♂⚼♆.
27 ☿⚹♃. ☿☌♅.
28 ☉∠♆. ♀⚹♃. ♀☌♅.
29 ☉±♄. ☿⚺♆. ♃⚹♅. ☿ ∥ ♀.
30 ☉□♂. ☉ # ☿. ☿ ∥ ♅. ♀ ∥ ♅.
31 ♀⚺♆. ☉ # ♀.

LAST QUARTER–Mar.29,21h.47m. (9°♑34′)

NEW MOON–Apr. 6,03h.55m. (16°♈44′)

APRIL   2008   [RAPHAEL'S

D M	D W	Sidereal Time	⊙ Long.	⊙ Dec.	☽ Long.	☽ Lat.	☽ Dec.	Node	24h. ☽ Long.	☽ Dec.
		h m s	° ′ ″	° ′	° ′ ″	° ′	° ′	° ′	° ′	° ′
1	T	0 40 52	12 ♈ 08 02	4 N48	11 ≈ 54 03	1 S 20	18 S 30	25 ≈ 30	18 ≈ 24 21	16 S 02
2	W	0 44 48	13 07 13	5 11	25 00 58	0 S 10	13 20	25 27	1 ⋊ 44 12	10 27
3	Th	0 48 45	14 06 23	5 34	8 ⋊ 34 11	1 N03	7 23	25 23	15 30 54	4 S 11
4	F	0 52 42	15 05 30	5 57	22 34 13	2 14	0 S 54	25 20	29 43 44	2 N27
5	S	0 56 38	16 04 36	6 19	6 ♈ 58 55	3 19	5 N49	25 17	14 ♈ 19 03	9 08
6	Su	1 00 35	17 03 40	6 42	21 43 14	4 12	12 21	25 14	29 10 25	15 25
7	M	1 04 31	18 02 42	7 05	6 ♉ 39 29	4 48	18 16	25 11	14 ♉ 09 15	20 50
8	T	1 08 28	19 01 41	7 27	21 38 33	5 05	23 05	25 07	29 06 15	24 55
9	W	1 12 24	20 00 39	7 49	6 ♊ 31 20	5 01	26 20	25 04	13 ♊ 52 54	27 17
10	Th	1 16 21	20 59 34	8 12	21 10 14	4 37	27 46	25 01	28 22 48	27 45
11	F	1 20 17	21 58 28	8 34	5 ♋ 30 12	3 57	27 16	24 58	12 ♋ 32 16	26 21
12	S	1 24 14	22 57 18	8 56	19 28 53	3 03	25 02	24 55	26 20 10	23 23
13	Su	1 28 11	23 56 07	9 17	3 ♌ 06 16	2 00	21 24	24 52	9 ♌ 47 25	19 11
14	M	1 32 07	24 54 53	9 39	16 23 55	0 N52	16 44	24 48	22 56 07	14 08
15	T	1 36 04	25 53 36	10 00	29 24 19	0 S 18	11 24	24 45	5 ♍ 48 53	8 35
16	W	1 40 00	26 52 18	10 21	12 ♍ 10 08	1 25	5 N41	24 42	18 28 22	2 N46
17	Th	1 43 57	27 50 57	10 43	24 43 00	2 27	0 S 09	24 39	0 ♎ 56 49	3 S 03
18	F	1 47 53	28 49 34	11 03	7 ♎ 07 29	3 20	5 54	24 36	13 16 02	8 40
19	S	1 51 50	29 ♈ 48 10	11 24	19 22 38	4 04	11 21	24 33	25 27 25	13 54
20	Su	1 55 46	0 ♉ 46 43	11 45	1 ♏ 30 30	4 36	16 19	24 29	7 ♏ 32 03	18 33
21	M	1 59 43	1 45 14	12 05	13 32 10	4 55	20 36	24 26	19 31 00	22 25
22	T	2 03 40	2 43 44	12 25	25 28 45	5 02	24 01	24 23	1 ♐ 25 36	25 20
23	W	2 07 36	3 42 12	12 45	7 ♐ 21 47	4 55	26 23	24 20	13 17 36	27 08
24	Th	2 11 33	4 40 38	13 05	19 13 20	4 35	27 34	24 17	25 09 23	27 42
25	F	2 15 29	5 39 02	13 24	1 ♑ 06 10	4 04	27 30	24 13	7 ♑ 04 07	26 58
26	S	2 19 26	6 37 25	13 44	13 03 46	3 21	26 08	24 10	19 05 39	24 59
27	Su	2 23 22	7 35 46	14 03	25 10 21	2 29	23 32	24 07	1 ≈ 18 29	21 49
28	M	2 27 19	8 34 06	14 22	7 ≈ 30 39	1 29	19 50	24 04	13 47 31	17 35
29	T	2 31 15	9 32 24	14 40	20 09 39	0 S 23	15 08	24 01	26 37 41	12 28
30	W	2 35 12	10 ♉ 30 40	14 N59	3 ⋊ 12 06	0 N46	9 S 37	23 ≈ 58	9 ⋊ 53 22	6 S 37

D M	Mercury Lat.	Mercury Dec.		Venus Lat.	Venus Dec.		Mars Lat.	Mars Dec.		Jupiter Lat.	Jupiter Dec.
	° ′	° ′	° ′	° ′	° ′	° ′	° ′	° ′	° ′	° ′	° ′
1	2 S 13	2 S 55		1 S 28	3 S 40		2 N 17	25 N16		0 N 02	21 S 54
3	2 07	1 S 23	2 S 10	1 29	2 42	3 S 11	2 15	25 09	25 N 13	0 02	21 52
5	1 58	0 N13	0 S 36	1 30	1 44	2 13	2 13	25 02	25 06	0 01	21 50
7	1 48	1 53	1 N 02	1 30	0 S 45	1 15	2 11	24 55	24 59	0 01	21 49
9	1 35	3 35	2 44 4 28	1 30	0 N13	0 S 16 0 N43	2 10	24 47	24 51 24 43	0 01	21 47
11	1 21	5 21	6 15	1 30	1 12	1 41	2 08	24 39	24 35	0 N 01	21 46
13	1 04	7 09	8 03	1 30	2 11	2 40	2 06	24 30	24 26	0 00	21 45
15	0 46	8 57	9 52	1 29	3 09	3 38	2 04	24 21	24 16	0 00	21 43
17	0 27	10 46	11 40	1 28	4 08	4 37	2 03	24 11	24 06	0 00	21 42
19	0 S 06	12 34	13 27	1 27	5 06	5 34	2 01	24 01	23 56	0 00	21 41
21	0 N16	14 19	15 10	1 26	6 03	6 32	1 59	23 51	23 45	0 00	21 40
23	0 37	16 00	16 48	1 24	7 00	7 29	1 58	23 40	23 34	0 S 01	21 40
25	0 58	17 34	18 19	1 23	7 57	8 25	1 56	23 28	23 22	0 01	21 39
27	1 19	19 02	19 42	1 20	8 52	9 20	1 54	23 16	23 10	0 01	21 38
29	1 37	20 20	20 N 56	1 18	9 47	10 N15	1 53	23 04	22 N 57	0 01	21 38
31	1 N54	21 N29		1 S 16	10 N42		1 N 51	22 N51		0 S 02	21 S 38

FIRST QUARTER–Apr.12,18h.32m. (23°♋13′)

FULL MOON – Apr.20,10h.25m. (0°♏43′)

D M	☿ Long.	♀ Long.	♂ Long.	♃ Long.	♄ Long.	♅ Long.	♆ Long.	♇ Long.	☉	☿	♀	♂	♃	♄	♅	♆	♇
	° ′	° ′	° ′	° ′	° ′	° ′	° ′	° ′									
1	27♓46	24♓09	10♋56	20♑11	2♍32	19♓58	23♒27	1♑09	⚹	∠	∠						∠
2	29♓34	25 23	11 23	20 18	2R 29	20 02	23 29	1R 09	∠	⚺	⚺	⚼	⚺		⚺	☌	⚹
3	1♈23	26 38	11 51	20 24	2 26	20 05	23 31	1 09	⚺			△	∠	☍			
4	3 14	27 52	12 18	20 30	2 23	20 08	23 32	1 09			☌		⚹		☌	⚺	
5	5 05	29♓06	12 45	20 36	2 20	20 11	23 34	1 09		☌		□				∠	□
6	6 59	0♈20	13 13	20 42	2 17	20 14	23 35	1 09	☌				□	⚼	⚺	⚹	
7	8 53	1 34	13 41	20 48	2 15	20 17	23 37	1 09		⚺	⚺	⚹		△	∠		△
8	10 50	2 48	14 09	20 54	2 12	20 21	23 38	1 08	⚺	∠	∠		△		⚹	□	⚼
9	12 47	4 02	14 37	20 59	2 10	20 24	23 40	1 08	∠	⚹	⚹	∠	⚼	□			
10	14 46	5 16	15 06	21 04	2 07	20 27	23 41	1 08	⚹			⚺			□	△	
11	16 46	6 30	15 34	21 10	2 05	20 30	23 43	1 08			□			⚹		⚼	☍
12	18 48	7 44	16 03	21 15	2 03	20 33	23 44	1 07	□	□		●	☍	∠	△		
13	20 51	8 58	16 32	21 19	2 01	20 36	23 45	1 07			△			⚺	⚼		
14	22 54	10 12	17 01	21 24	1 59	20 39	23 47	1 07				⚺					⚼
15	24 59	11 26	17 30	21 28	1 57	20 42	23 48	1 06	△	△	⚼	∠		☌		☍	△
16	27 05	12 40	18 00	21 33	1 55	20 45	23 49	1 06	⚼	⚼		⚹	⚼				
17	29♈12	13 54	18 29	21 37	1 54	20 48	23 51	1 05					△		☍		
18	1♉19	15 08	18 59	21 41	1 52	20 51	23 52	1 05						⚺		⚼	□
19	3 26	16 22	19 29	21 45	1 51	20 53	23 53	1 04			☍	□	□	∠		△	
20	5 34	17 36	19 58	21 48	1 49	20 56	23 54	1 04	☍	☍				⚹	⚼		⚹
21	7 41	18 50	20 28	21 52	1 48	20 59	23 55	1 03									∠
22	9 48	20 04	20 59	21 55	1 47	21 02	23 56	1 03				△	⚹		△	□	⚺
23	11 54	21 18	21 29	21 58	1 46	21 05	23 57	1 02			⚼	⚼	∠	□			
24	13 59	22 32	21 59	22 01	1 45	21 07	23 58	1 01	⚼		△		⚺		□	⚹	
25	16 03	23 46	22 30	22 04	1 44	21 10	23 59	1 01	△	⚼				△			☌
26	18 05	25 00	23 00	22 06	1 43	21 13	24 00	1 00		△				⚼		∠	
27	20 05	26 13	23 31	22 08	1 42	21 15	24 01	0 59			□	☍	☌		⚹	⚺	⚺
28	22 03	27 27	24 02	22 11	1 42	21 18	24 02	0 58	□						∠		
29	23 58	28 41	24 33	22 13	1 41	21 20	24 03	0 58		□			⚺		⚺	☌	∠
30	25♉50	29♈55	25♋04	22♑14	1♍41	21♓23	24♒04	0♑57			⚹		∠	☍			⚹

D M	Saturn Lat.	Saturn Dec.	Uranus Lat.	Uranus Dec.	Neptune Lat.	Neptune Dec.	Pluto Lat.	Pluto Dec.
	° ′	° ′	° ′	° ′	° ′	° ′	° ′	° ′
1	1N51	12N17	0S44	4S40	0S18	14S00	6N22	17S04
3	1 51	12 19	0 44	4 38	0 18	13 59	6 22	17 04
5	1 51	12 21	0 44	4 35	0 18	13 58	6 22	17 04
7	1 50	12 23	0 44	4 33	0 18	13 57	6 22	17 04
9	1 50	12 24	0 44	4 30	0 18	13 56	6 23	17 03
11	1 50	12 26	0 44	4 28	0 18	13 55	6 23	17 03
13	1 50	12 27	0 44	4 25	0 19	13 54	6 23	17 03
15	1 50	12 29	0 44	4 23	0 19	13 53	6 23	17 03
17	1 50	12 30	0 44	4 21	0 19	13 52	6 23	17 03
19	1 49	12 31	0 44	4 19	0 19	13 52	6 24	17 03
21	1 49	12 32	0 44	4 16	0 19	13 51	6 24	17 02
23	1 49	12 32	0 45	4 14	0 19	13 50	6 24	17 02
25	1 49	12 33	0 45	4 12	0 19	13 50	6 24	17 02
27	1 48	12 33	0 45	4 10	0 19	13 49	6 24	17 02
29	1 48	12 33	0 45	4 08	0 19	13 48	6 24	17 02
31	1N48	12N33	0S45	4S06	0S19	13S48	6N25	17S02

Mutual Aspects

1 ☉#♅.
2 ☿⊥♆. ♇Stat.
3 ☿□♇.
4 ☿Q♃. ☿∇♄.
5 ♀⊥♆.
6 ☉⚼♄. ☿#♀.
7 ☿±♄. ☿∠♆. ♀□♇.
8 ♀Q♃. ♀∇♄.
9 ☉⚺♅.
10 ☉□♃. ☿□♂. ☿#♅.
11 ☿⚼♄. 12 ♀±♄.
13 ☉⚹♆. ☿□♃. ☿⚺♅. ♀∠♆.
14 ☿⚹♆. ♂∠♄.
16 ☉☌☿. ☉⊥♅. ☿⊥♅. ♂±♆.
17 ☉∥☿. ♀#♅.
18 ☿△♄. ☿△♇.
19 ♀⚼♄. ☿∥♄.
20 ☉△♇. ☿∠♅. ☿Q♆. ☿#♆.
21 ☉△♄. ☿Q♂.
22 ♂△♅. ☉∥♄.
23 ♀□♂. ♀⚺♅.
24 ♀□♃. ♂☍♃. ☿#♇.
25 ☉Q♆. ☿⚼♇. ♀⚹♆.
26 ☉∠♅. ☉#♆.
28 ☿△♃. ☿⚹♅. ♀⊥♅. ♂∇♆.
29 ☿⚹♂. ☿□♆.
30 ☿±♇.

LAST QUARTER – Apr.28,14h.12m. (8°♒39′)

D M	D W	Sidereal Time	☉ Long.	☉ Dec.	☽ Long.	☽ Lat.	☽ Dec.	Node	☽ Long. (24h)	☽ Dec.
		h m s	° ′ ″	° ′	° ′ ″	° ′	° ′	° ′	° ′	° ′
1	Th	2 39 09	11 ♉ 28 55	15 N17	16 ♓ 41 49	1 N54	3 S 30	23 ♒ 54	23 ♓ 37 40	0 S 16
2	F	2 43 05	12 27 09	15 35	0 ♈ 40 55	2 59	3 N00	23 51	7 ♈ 51 25	6 N18
3	S	2 47 02	13 25 21	15 52	15 08 45	3 54	9 33	23 48	22 32 19	12 44
4	Su	2 50 58	14 23 31	16 09	0 ♉ 01 16	4 34	15 45	23 45	7 ♉ 34 31	18 34
5	M	2 54 55	15 21 40	16 27	15 10 50	4 57	21 07	23 42	22 48 52	23 19
6	T	2 58 51	16 19 47	16 43	0 ♊ 27 09	4 58	25 06	23 38	8 ♊ 04 16	26 27
7	W	3 02 48	17 17 53	17 00	15 38 53	4 39	27 17	23 35	23 09 46	27 37
8	Th	3 06 44	18 15 57	17 16	0 ♋ 35 53	4 00	27 27	23 32	7 ♋ 56 24	26 47
9	F	3 10 41	19 13 59	17 32	15 11 48	3 07	25 40	23 29	22 18 28	24 10
10	S	3 14 38	20 11 59	17 48	29 19 28	2 03	22 18	23 26	6 ♌ 13 43	20 09
11	Su	3 18 34	21 09 57	18 03	13 ♌ 01 24	0 N54	17 47	23 23	19 42 45	15 13
12	M	3 22 31	22 07 53	18 18	26 18 17	0 S 16	12 30	23 19	2 ♍ 48 18	9 42
13	T	3 26 27	23 05 47	18 33	9 ♍ 13 20	1 23	6 50	23 16	15 33 52	3 N56
14	W	3 30 24	24 03 40	18 47	21 50 40	2 24	1 N02	23 13	28 03 25	1 S 52
15	Th	3 34 20	25 01 30	19 01	4 ♎ 13 22	3 18	4 S 42	23 10	10 ♎ 20 41	7 29
16	F	3 38 17	25 59 20	19 15	16 25 43	4 01	10 10	23 07	22 28 50	12 45
17	S	3 42 13	26 57 07	19 29	28 30 19	4 33	15 12	23 04	4 ♏ 30 28	17 29
18	Su	3 46 10	27 54 53	19 42	10 ♏ 29 28	4 53	19 36	23 00	16 27 34	21 30
19	M	3 50 07	28 52 38	19 55	22 24 55	4 59	23 12	22 57	28 21 43	24 38
20	T	3 54 03	29 ♉ 50 21	20 07	4 ♐ 18 06	4 53	25 48	22 54	10 ♐ 14 16	26 41
21	W	3 58 00	0 ♊ 48 03	20 19	16 10 23	4 34	27 16	22 51	22 06 39	27 32
22	Th	4 01 56	1 45 43	20 31	28 03 18	4 03	27 28	22 48	4 ♑ 00 35	27 06
23	F	4 05 53	2 43 23	20 42	9 ♑ 58 48	3 21	26 24	22 44	15 58 18	25 24
24	S	4 09 49	3 41 01	20 53	21 59 27	2 30	24 06	22 41	28 02 40	22 32
25	Su	4 13 46	4 38 39	21 04	4 ♒ 08 27	1 31	20 42	22 38	10 ♒ 17 17	18 37
26	M	4 17 42	5 36 15	21 14	16 29 42	0 S 27	16 19	22 35	22 46 15	13 50
27	T	4 21 39	6 33 50	21 24	29 07 31	0 N40	11 09	22 32	5 ♓ 34 02	8 20
28	W	4 25 36	7 31 25	21 34	12 ♓ 06 21	1 47	5 S 23	22 29	18 44 58	2 S 19
29	Th	4 29 32	8 28 58	21 43	25 30 16	2 50	0 N48	22 25	2 ♈ 22 33	3 N59
30	F	4 33 29	9 26 31	21 52	9 ♈ 22 01	3 45	7 09	22 22	16 28 39	10 18
31	S	4 37 25	10 ♊ 24 03	22 N01	23 ♈ 42 16	4 N28	13 N21	22 ♒ 19	1 ♉ 02 26	16 N16

D M	Mercury Lat.	Mercury Dec.		Venus Lat.	Venus Dec.		Mars Lat.	Mars Dec.		Jupiter Lat.	Jupiter Dec.
1	1 N54	21 N29	22 N 00	1 S 16	10 N42	11 N08	1 N 51	22 N51	22 N 44	0 S 02	21 S 38
3	2 07	22 28	22 54	1 13	11 35	12 01	1 50	22 37	22 30	0 02	21 38
5	2 18	23 17	23 38	1 10	12 27	12 52	1 48	22 23	22 16	0 02	21 37
7	2 26	23 56	24 12	1 07	13 18	13 43	1 46	22 09	22 01	0 02	21 38
9	2 30	24 26	24 37	1 03	14 07	14 32	1 45	21 54	21 46	0 03	21 38
11	2 30	24 47	24 54	1 00	14 56	15 19	1 43	21 39	21 31	0 03	21 38
13	2 26	24 59	25 03	0 56	15 42	16 05	1 42	21 23	21 14	0 03	21 39
15	2 19	25 04	25 04	0 52	16 28	16 50	1 40	21 06	20 58	0 04	21 39
17	2 07	25 04	24 58	0 49	17 11	17 32	1 39	20 49	20 41	0 04	21 40
19	1 52	24 53	24 47	0 44	17 53	18 13	1 37	20 33	20 23	0 04	21 41
21	1 33	24 39	24 29	0 40	18 33	18 52	1 36	20 14	20 05	0 04	21 42
23	1 10	24 18	24 06	0 36	19 11	19 29	1 35	19 56	19 47	0 05	21 43
25	0 43	23 53	23 39	0 31	19 47	20 04	1 33	19 37	19 28	0 05	21 44
27	0 N13	23 23	23 07	0 27	20 21	20 37	1 32	19 18	19 08	0 05	21 45
29	0 S 19	22 50	22 N 32	0 22	20 52	21 N07	1 30	18 59	18 N 49	0 06	21 47
31	0 S 53	22 N14		0 S 18	21 N22		1 N 29	18 N38		0 S 06	21 S 48

FULL MOON–May 20,02h.11m. (29°♏27′)

D M	☿ Long.	♀ Long.	♂ Long.	♃ Long.	♄ Long.	♅ Long.	♆ Long.	♇ Long.	☉	☿	♀	♂	♃	♄	♅	♆	♇
	° ′	° ′	° ′	° ′	° ′	° ′	° ′	° ′									
1	27♉39	1♉09	25♋35	22♑16	1♍41	21♓25	24♒05	0♑56	⚹		∠	⚼	⚹		☌		
2	29♉25	2 23	26 07	22 17	1R 41	21 28	24 06	0R 55	∠	⚹	⚺	△				⚺	□
3	1♊08	3 37	26 38	22 19	1D 41	21 30	24 07	0 54	⚺	∠			□	⚼	⚺	∠	
4	2 47	4 51	27 10	22 20	1 41	21 33	24 07	0 53		⚺	☌	□		△	∠	⚹	△
5	4 23	6 05	27 41	22 21	1 41	21 35	24 08	0 52	☌				△		⚹		⚼
6	5 54	7 18	28 13	22 21	1 41	21 37	24 09	0 51		☌	⚺	⚹	⚼	□		□	
7	7 22	8 32	28 45	22 22	1 42	21 40	24 09	0 50	⚺			∠			□		
8	8 46	9 46	29 17	22 22	1 42	21 42	24 10	0 49	∠		∠	⚺		⚹		△	☍
9	10 06	11 00	29♋49	22 22	1 43	21 44	24 10	0 48	⚹	⚺	⚹			∠	△	⚼	
10	11 22	12 14	0♌21	22R 22	1 44	21 46	24 11	0 47		∠		●	☍	⚺			
11	12 34	13 28	0 53	22 22	1 45	21 48	24 12	0 46		⚹	□				⚼		⚼
12	13 41	14 41	1 26	22 21	1 45	21 51	24 12	0 45	□			⚺		☌		☍	△
13	14 45	15 55	1 58	22 21	1 47	21 53	24 12	0 44		□			⚼				
14	15 43	17 09	2 30	22 20	1 48	21 55	24 13	0 43	△		△	∠	△		☍		
15	16 38	18 23	3 03	22 19	1 49	21 57	24 13	0 42			⚼	⚹		⚺		⚼	□
16	17 28	19 37	3 36	22 17	1 50	21 58	24 14	0 40	⚼	△			□	∠			
17	18 14	20 50	4 08	22 16	1 52	22 00	24 14	0 39		⚼		□		⚹		△	⚹
18	18 55	22 04	4 41	22 14	1 53	22 02	24 14	0 38							⚼		∠
19	19 31	23 18	5 14	22 13	1 55	22 04	24 14	0 37			☍		⚹		△	□	
20	20 03	24 32	5 47	22 11	1 57	22 06	24 15	0 35	☍			△	∠	□			⚺
21	20 29	25 45	6 20	22 09	1 59	22 08	24 15	0 34		☍		⚼					
22	20 52	26 59	6 53	22 06	2 01	22 09	24 15	0 33					⚺	△	□	⚹	☌
23	21 09	28 13	7 27	22 04	2 03	22 11	24 15	0 32			⚼					∠	
24	21 21	29♉27	8 00	22 01	2 05	22 12	24 15	0 30	⚼				☌	⚼	⚹	⚺	
25	21 29	0♊40	8 33	21 58	2 07	22 14	24 15	0 29	△	⚼	△	☍			∠		⚺
26	21 32	1 54	9 07	21 55	2 09	22 16	24 15	0 28		△			⚺		⚺		∠
27	21R 31	3 08	9 40	21 52	2 12	22 17	24R 15	0 26			□			☍		☌	⚹
28	21 25	4 22	10 14	21 48	2 14	22 18	24 15	0 25	□				∠				
29	21 14	5 35	10 47	21 45	2 17	22 20	24 15	0 23		□		⚼	⚹		☌	⚺	□
30	21 00	6 49	11 21	21 41	2 20	22 21	24 15	0 22	⚹		⚹	△				∠	
31	20♊42	8♊03	11♌55	21♑37	2♍23	22♓22	24♒15	0♑21	∠	⚹	∠		□	⚼	⚺	⚹	△

D M	Saturn Lat.	Saturn Dec.	Uranus Lat.	Uranus Dec.	Neptune Lat.	Neptune Dec.	Pluto Lat.	Pluto Dec.
	° ′	° ′	° ′	° ′	° ′	° ′	° ′	° ′
1	1N48	12N33	0S45	4S06	0S19	13S48	6N25	17S02
3	1 48	12 33	0 45	4 04	0 19	13 47	6 25	17 02
5	1 48	12 33	0 45	4 02	0 19	13 47	6 25	17 01
7	1 47	12 33	0 45	4 01	0 19	13 46	6 25	17 01
9	1 47	12 32	0 45	3 59	0 19	13 46	6 25	17 01
11	1 47	12 31	0 45	3 57	0 19	13 46	6 25	17 01
13	1 47	12 31	0 45	3 56	0 19	13 45	6 25	17 01
15	1 46	12 29	0 45	3 54	0 19	13 45	6 25	17 01
17	1 46	12 28	0 45	3 53	0 19	13 45	6 25	17 01
19	1 46	12 27	0 45	3 51	0 19	13 45	6 25	17 01
21	1 46	12 26	0 45	3 50	0 19	13 45	6 25	17 01
23	1 45	12 24	0 45	3 48	0 19	13 45	6 25	17 01
25	1 45	12 22	0 45	3 47	0 19	13 45	6 25	17 01
27	1 45	12 20	0 46	3 46	0 19	13 45	6 25	17 01
29	1 45	12 18	0 46	3 45	0 20	13 45	6 25	17 01
31	1N44	12N16	0S46	3S44	0S20	13S45	6N25	17S01

Mutual Aspects

1 ♀△♄. ♀△♇. ♂⊥♄. ☿#♃.
3 ☿□♄. ☿⚻♇. ☿∥♂. ♄Stat.
4 ☿Q♅.
5 ♀∠♅. ♀QΨ. ♀∥♄.
6 ☉Q♂. ☉⚼♇.
7 ☿⚼♃. ☉#♇.
8 ♀#♆. 9 ♃Stat.
11 ♂⚻♇. ♂#♃.
12 ☉△♃. ☉⚹♅.
13 ♀⚼♇. ♂⚺♄.
14 ☉□♆.
15 ☉±♇. ☿±♃.
17 ♀#♇.
18 ♀△♃. ♀⚹♅.
19 ♀Q♂.
20 ☿Q♄. ♀□♆. ♀±♇.
21 ☉⚻♇. ♂±♇. ♃⚹♅. ☉∥♂.
22 ☉□♄. 23 ♂⚼♅.
25 ☉Q♅. ♀⚻♇. ♀∥♂.
26 ♀□♄. ☿Stat. ♆Stat.
27 ☉⚼♃. 28 ♀Q♅.
29 ☉#♃.
30 ♀⚼♃.
31 ☉∥☿.

LAST QUARTER–May 28,02h.57m. (7°♓10′)

NEW MOON–June 3,19h.23m. (13° ♊ 34′)

D	D	Sidereal	⊙	⊙	☽	☽	☽	☽	24h.	
M	W	Time	Long.	Dec.	Long.	Lat.	Dec.	Node	☽ Long.	☽ Dec.
		h m s	° ′ ″	° ′	° ′ ″	° ′	° ′	° ′	° ′ ″	° ′
1	Su	4 41 22	11 ♊ 21 34	22 N09	8 ♉ 28 33	4 N55	18 N59	22 ≈ 16	15 ♉ 59 42	21 N25
2	M	4 45 18	12 19 04	22 16	23 34 51	5 02	23 32	22 13	1 ♊ 12 43	25 15
3	T	4 49 15	13 16 34	22 24	8 ♊ 51 56	4 48	26 31	22 10	16 31 03	27 17
4	W	4 53 11	14 14 03	22 31	24 08 39	4 13	27 32	22 06	1 ♋ 43 21	27 15
5	Th	4 57 08	15 11 30	22 37	9 ♋ 13 56	3 21	26 28	22 03	16 39 23	25 13
6	F	5 01 05	16 08 57	22 43	23 58 50	2 17	23 33	22 00	1 ♌ 11 42	21 32
7	S	5 05 01	17 06 22	22 49	8 ♌ 17 35	1 N05	19 14	21 57	15 16 19	16 42
8	Su	5 08 58	18 03 47	22 54	22 07 56	0 S 08	14 00	21 54	28 52 35	11 10
9	M	5 12 54	19 01 10	22 59	5 ♍ 30 35	1 19	8 16	21 50	12 ♍ 02 20	5 N19
10	T	5 16 51	19 58 32	23 04	18 28 18	2 23	2 N22	21 47	24 49 00	0 S 34
11	W	5 20 47	20 55 53	23 08	1 ♎ 05 01	3 19	3 S 28	21 44	7 ♎ 16 53	6 18
12	Th	5 24 44	21 53 13	23 11	13 25 09	4 04	9 02	21 41	19 30 21	11 40
13	F	5 28 40	22 50 32	23 15	25 33 00	4 37	14 10	21 38	1 ♏ 33 35	16 31
14	S	5 32 37	23 47 50	23 18	7 ♏ 32 32	4 57	18 42	21 35	13 30 14	20 42
15	Su	5 36 34	24 45 07	23 20	19 27 04	5 05	22 29	21 31	25 23 22	24 01
16	M	5 40 30	25 42 24	23 22	1 ♐ 19 24	4 59	25 18	21 28	7 ♐ 15 26	26 18
17	T	5 44 27	26 39 40	23 24	13 11 42	4 40	27 01	21 25	19 08 25	27 25
18	W	5 48 23	27 36 55	23 25	25 05 47	4 09	27 30	21 22	1 ♑ 03 58	27 16
19	Th	5 52 20	28 34 10	23 26	7 ♑ 03 12	3 27	26 42	21 19	13 03 38	25 50
20	F	5 56 16	29 ♊ 31 25	23 26	19 05 31	2 36	24 39	21 16	25 09 04	23 11
21	S	6 00 13	0 ♋ 28 39	23 26	1 ≈ 14 33	1 36	21 27	21 12	7 ≈ 22 14	19 28
22	Su	6 04 09	1 25 52	23 26	13 32 26	0 S 31	17 16	21 09	19 45 30	14 52
23	M	6 08 06	2 23 06	23 25	26 01 48	0 N36	12 17	21 06	2 ✕ 21 42	9 33
24	T	6 12 03	3 20 19	23 24	8 ✕ 45 39	1 43	6 42	21 03	15 14 01	3 S 45
25	W	6 15 59	4 17 32	23 22	21 47 14	2 46	0 S 43	21 00	28 25 40	2 N22
26	Th	6 19 56	5 14 45	23 20	5 ♈ 09 38	3 42	5 N27	20 56	11 ♈ 59 24	8 31
27	F	6 23 52	6 11 59	23 18	18 55 10	4 27	11 20	20 53	25 56 57	14 26
28	S	6 27 49	7 09 12	23 15	3 ♉ 04 41	4 57	17 11	20 50	10 ♉ 18 08	19 44
29	Su	6 31 45	8 06 25	23 12	17 36 51	5 09	22 02	20 47	25 00 16	24 00
30	M	6 35 42	9 ♋ 03 39	23 N08	2 ♊ 27 35	5 N01	25 N34	20 ≈ 44	9 ♊ 57 50	26 N43

D	Mercury		Venus			Mars			Jupiter	
M	Lat.	Dec.	Lat.	Dec.		Lat.	Dec.		Lat.	Dec.
	° ′	° ′ ° ′	° ′	° ′	° ′	° ′	° ′	° ′	° ′	° ′
1	1 S 10	21 N55	0 S 15	21 N35		1 N 28	18 N28		0 S 06	21 S 49
3	1 45	21 16 / 21 N 36	0 11	22 01	21 N49	1 27	18 07 / 18 N 18		0 06	21 50
5	2 19	20 38 / 20 57	0 06	22 24	22 13	1 25	17 46 / 17 57		0 07	21 52
7	2 50	20 00 / 20 19	0 S 01	22 45	22 35	1 24	17 25 / 17 36		0 07	21 54
9	3 19	19 26 / 19 43	0 N 04	23 03	22 55	1 23	17 03 / 17 14		0 07	21 56
		/ 19 10			23 11		/ 16 51			
11	3 42	18 56 / 18 43	0 08	23 19	23 25	1 21	16 40 / 16 29		0 08	21 58
13	4 01	18 31 / 18 21	0 13	23 31	23 37	1 20	16 17 / 16 06		0 08	22 00
15	4 14	18 13 / 18 07	0 18	23 41	23 45	1 19	15 54 / 15 42		0 08	22 02
17	4 22	18 02 / 17 59	0 22	23 49	23 51	1 17	15 30 / 15 18		0 08	22 04
19	4 25	17 59 / 17 59	0 27	23 53	23 54	1 16	15 06 / 14 54		0 09	22 07
21	4 23	18 02 / 18 06	0 32	23 55	23 54	1 15	14 42 / 14 30		0 09	22 09
23	4 16	18 12 / 18 19	0 36	23 53	23 52	1 13	14 17 / 14 05		0 09	22 11
25	4 05	18 28 / 18 38	0 40	23 49	23 46	1 12	13 52 / 13 39		0 10	22 13
27	3 50	18 50 / 19 02	0 44	23 42	23 38	1 11	13 26 / 13 14		0 10	22 16
29	3 33	19 15 / 19 29	0 49	23 33	23 N27	1 09	13 01 / 12 N 48		0 10	22 18
31	3 S 13	19 N44	0 N 52	23 N20		1 N 08	12 N34		0 S 11	22 S 20

FIRST QUARTER–June10,15h.04m. (20°♍06′)

FULL MOON–June18,17h.30m. (27°♐50′)

D	☿	♀	♂	♃	♄	♅	♆	♇	Lunar Aspects								
M	Long.	Long.	Long.	Long.	Long.	Long.	Long.	Long.	☉	☿	♀	♂	♃	♄	♅	♆	♇
	° ′	° ′	° ′	° ′	° ′	° ′	° ′	° ′									
1	20♊20	9♊17	12♌29	21♑33	2♍26	22♓24	24♒15	0♑19	⚺	∠	⚺	□		△	∠		⚼
2	19R 55	10 30	13 03	21R 29	2 29	22 25	24R 15	0R 18		⚺			△		✱	□	
3	19 27	11 44	13 37	21 24	2 32	22 26	24 14	0 16	☌		☌	✱	⚼	□			
4	18 57	12 58	14 11	21 20	2 35	22 27	24 14	0 15		☌		∠			□	△	☍
5	18 26	14 11	14 45	21 15	2 38	22 28	24 14	0 13	⚺		⚺	⚺		✱		⚼	
6	17 53	15 25	15 19	21 10	2 42	22 29	24 13	0 12		⚺	∠		☍	∠	△		
7	17 19	16 39	15 53	21 05	2 45	22 30	24 13	0 10	∠	∠				⚺	⚼		⚼
8	16 46	17 53	16 28	21 00	2 49	22 31	24 13	0 09	✱	✱	✱	●				☍	
9	16 13	19 06	17 02	20 55	2 52	22 32	24 12	0 07					⚼	☌			△
10	15 41	20 20	17 37	20 49	2 56	22 33	24 12	0 06	□	□	□	⚺	△		☍		
11	15 11	21 34	18 11	20 43	3 00	22 34	24 11	0 04				∠		⚺			□
12	14 43	22 48	18 46	20 38	3 04	22 34	24 11	0 03		△		✱		∠		⚼	
13	14 17	24 01	19 20	20 32	3 08	22 35	24 10	0 01	△	⚼	△		□			△	✱
14	13 54	25 15	19 55	20 26	3 12	22 36	24 10	0♑00	⚼		⚼			✱	⚼		
15	13 35	26 29	20 30	20 20	3 16	22 36	24 09	29♐58				□	✱		△	□	∠
16	13 20	27 42	21 05	20 13	3 21	22 37	24 08	29 56					∠	□			⚺
17	13 09	28♊56	21 39	20 07	3 25	22 37	24 08	29 55		☍							
18	13 02	0♋10	22 14	20 01	3 29	22 38	24 07	29 53	☍		☍	△	⚺		□	✱	☌
19	12 59	1 24	22 49	19 54	3 34	22 38	24 06	29 52				⚼		△		∠	
20	13D 01	2 37	23 24	19 47	3 38	22 38	24 06	29 50					☌	⚼	✱	⚺	
21	13 07	3 51	23 59	19 41	3 43	22 39	24 05	29 49		⚼							⚺
22	13 18	5 05	24 35	19 34	3 48	22 39	24 04	29 47	⚼	△			⚺		∠		∠
23	13 34	6 18	25 10	19 27	3 53	22 39	24 03	29 46			⚼	☍			⚺	☌	✱
24	13 55	7 32	25 45	19 20	3 57	22 39	24 02	29 44	△	□	△		∠	☍			
25	14 20	8 46	26 20	19 12	4 02	22 39	24 01	29 43					✱		☌	⚺	
26	14 50	10 00	26 56	19 05	4 07	22 39	24 00	29 41	□		□					∠	□
27	15 24	11 13	27 31	18 58	4 12	22R 39	24 00	29 39		✱		⚼	□	⚼	⚺	✱	
28	16 03	12 27	28 07	18 51	4 18	22 39	23 59	29 38	✱	∠		△		△	∠		△
29	16 47	13 41	28 42	18 43	4 23	22 39	23 58	29 36	∠	⚺	✱		△		✱	□	⚼
30	17♊35	14♋54	29♌18	18♑36	4♍28	22♓39	23♒57	29♐35	⚺		∠	□	⚼	□			

D	Saturn		Uranus		Neptune		Pluto	
M	Lat.	Dec.	Lat.	Dec.	Lat.	Dec.	Lat.	Dec.
	° ′	° ′	° ′	° ′	° ′	° ′	° ′	° ′
1	1N44	12N15	0S46	3S44	0S20	13S45	6N25	17S01
3	1 44	12 13	0 46	3 43	0 20	13 45	6 25	17 01
5	1 44	12 10	0 46	3 42	0 20	13 45	6 25	17 01
7	1 44	12 07	0 46	3 41	0 20	13 45	6 25	17 01
9	1 43	12 05	0 46	3 40	0 20	13 46	6 25	17 02
11	1 43	12 02	0 46	3 40	0 20	13 46	6 25	17 02
13	1 43	11 59	0 46	3 39	0 20	13 46	6 25	17 02
15	1 43	11 56	0 46	3 39	0 20	13 47	6 24	17 02
17	1 43	11 52	0 46	3 38	0 20	13 47	6 24	17 02
19	1 42	11 49	0 46	3 38	0 20	13 48	6 24	17 02
21	1 42	11 46	0 46	3 38	0 20	13 48	6 24	17 03
23	1 42	11 42	0 47	3 38	0 20	13 49	6 24	17 03
25	1 42	11 38	0 47	3 38	0 20	13 49	6 23	17 03
27	1 42	11 35	0 47	3 38	0 20	13 50	6 23	17 03
29	1 41	11 31	0 47	3 38	0 20	13 51	6 23	17 03
31	1N41	11N27	0S47	3S38	0S20	13S51	6N23	17S04

Mutual Aspects

1 ☿ Q ♄. ☿ # ♃.
2 ☿ ∥ ♀. ♀ # ♃.
4 ☉ ✱ ♂. 5 ☉ ± ♃.
6 ♀ ✱ ♂. ♀ ± ♃. ♂ ⚼ ♇.
7 ☉ ☌ ☿. ☿ ☌ ♀.
8 ☿ ✱ ♂. ♂ ± ♅. ☉ ∥ ♀.
9 ☉ ☌ ♀. ♂ # ♇.
10 ♀ ⚻ ♃.
11 ☉ ⚻ ♃. ☉ Q ♄. ♀ Q ♄.
12 ☿ ± ♃. ♀ □ ♅.
13 ☉ □ ♅. ♀ △ ♆.
14 ☉ △ ♆. 15 ♂ ⚻ ♃.
18 ♀ ☍ ♇.
19 ♂ ⚻ ♅. ☿ Stat.
20 ☉ ☍ ♇.
21 ♀ ✱ ♄. ♂ ☍ ♆.
23 ☿ ± ♃. ♂ ± ♃.
25 ☉ ✱ ♄. ☿ Q ♂. ♀ ⚼ ♆. ♂ # ♆.
26 ♃ ⚼ ♄. 27 ♅ Stat.
28 ☿ Q ♂.
29 ♀ ∠ ♂.
30 ☉ ⚼ ♆. ♂ △ ♇.

LAST QUARTER–June26,12h.10m. (5°♈15′)

NEW MOON–July 3,02h.19m. (11°♋32′)

D	D	Sidereal	⊙	⊙	☽	☽	☽	☽		24h.
M	W	Time	Long.	Dec.	Long.	Lat.	Dec.	Node	☽ Long.	☽ Dec.

		h m s	° ′ ″	° ′	° ′ ″	° ′	° ′	° ′	° ′ ″	° ′
1	T	6 39 38	10♋00 53	23 N04	17 ♊ 29 59	4 N33	27 N23	20 ≈ 41	25 ♊ 02 50	27 N32
2	W	6 43 35	10 58 07	22 59	2♋35 11	3 45	27 10	20 37	10 ♋ 05 48	26 18
3	Th	6 47 32	11 55 20	22 54	17 33 34	2 42	24 58	20 34	24 57 24	23 13
4	F	6 51 28	12 52 34	22 49	2 ♌ 16 25	1 29	21 06	20 31	9 ♌ 29 52	18 42
5	S	6 55 25	13 49 48	22 43	16 37 11	0 N12	16 03	20 28	23 38 01	13 14
6	Su	6 59 21	14 47 01	22 37	0♍32 09	1 S03	10 18	20 25	7 ♍ 19 34	7 17
7	M	7 03 18	15 44 14	22 31	14 00 23	2 13	4 N15	20 21	20 34 50	1 N13
8	T	7 07 14	16 41 27	22 24	27 03 15	3 13	1 S47	20 18	3 ♎ 26 04	4 S43
9	W	7 11 11	17 38 40	22 17	9♎43 46	4 02	7 34	20 15	15 56 52	10 19
10	Th	7 15 07	18 35 52	22 09	22 05 55	4 39	12 55	20 12	28 11 30	15 23
11	F	7 19 04	19 33 05	22 01	4 ♏ 14 10	5 03	17 40	20 09	10 ♏ 14 28	19 47
12	S	7 23 01	20 30 17	21 53	16 12 56	5 12	21 40	20 06	22 10 06	23 20
13	Su	7 26 57	21 27 30	21 44	28 06 25	5 09	24 45	20 02	4 ♐ 02 23	25 54
14	M	7 30 54	22 24 43	21 35	9 ♐ 58 23	4 52	26 45	19 59	15 54 49	27 19
15	T	7 34 50	23 21 56	21 25	21 52 02	4 22	27 33	19 56	27 50 21	27 29
16	W	7 38 47	24 19 09	21 15	3♈50 02	3 41	27 04	19 53	9 ♈ 51 22	26 21
17	Th	7 42 43	25 16 22	21 05	15 54 32	2 50	25 18	19 50	21 59 47	23 58
18	F	7 46 40	26 13 36	20 54	28 07 15	1 50	22 20	19 47	4 ≈ 17 09	20 27
19	S	7 50 36	27 10 50	20 43	10≈29 37	0 S44	18 19	19 43	16 44 49	15 59
20	Su	7 54 33	28 08 05	20 32	23 02 55	0 N25	13 27	19 40	29 24 03	10 45
21	M	7 58 30	29♋05 20	20 20	5 ♓ 48 23	1 34	7 56	19 37	12 ♓ 16 05	5 S00
22	T	8 02 26	0 ♌ 02 36	20 09	18 47 19	2 39	2 S00	19 34	25 22 15	1 N03
23	W	8 06 23	0 59 52	19 56	2 ♈ 01 02	3 37	4 N08	19 31	8 ♈ 43 48	7 11
24	Th	8 10 19	1 57 10	19 44	15 30 41	4 25	10 11	19 27	22 21 45	13 05
25	F	8 14 16	2 54 28	19 31	29 17 02	4 58	15 52	19 24	6 ♉ 16 30	18 28
26	S	8 18 12	3 51 48	19 17	13 ♉ 20 04	5 15	20 50	19 21	20 27 30	22 56
27	Su	8 22 09	4 49 08	19 04	27 30 33	5 12	24 42	19 18	4 ♊ 52 47	26 05
28	M	8 26 05	5 46 30	18 50	12 ♊ 09 44	4 50	27 02	19 15	19 28 46	27 32
29	T	8 30 02	6 43 53	18 35	26 49 12	4 08	27 32	19 12	4 ♋ 10 16	27 04
30	W	8 33 59	7 41 16	18 21	11♋31 08	3 11	26 06	19 08	18 50 59	24 42
31	Th	8 37 55	8 ♌ 38 41	18 N06	26♋08 57	2 N01	22 N54	19 ≈ 05	3 ♌ 24 13	20 N44

D		Mercury		Venus			Mars			Jupiter	
M	Lat.		Dec.	Lat.		Dec.	Lat.		Dec.	Lat.	Dec.

	° ′	° ′	° ′	° ′	° ′	° ′	° ′	° ′	° ′	° ′	° ′
1	3 S13	19 N44	20 N 00	0 N 52	23 N20	23 N13	1 N 08	12 N34	12 N 21	0 S 11	22 S 20
3	2 51	20 15	20 32	0 56	23 05	22 56	1 07	12 08	11 54	0 11	22 23
5	2 27	20 48	21 04	1 00	22 47	22 37	1 06	11 41	11 27	0 11	22 25
7	2 02	21 19	21 35	1 03	22 26	22 15	1 04	11 14	11 00	0 11	22 27
9	1 36	21 49	22 03	1 07	22 03	21 50	1 03	10 46	10 33	0 12	22 30
11	1 10	22 16	22 28	1 10	21 37	21 23	1 02	10 19	10 05	0 12	22 32
13	0 44	22 38	22 47	1 13	21 08	20 53	1 00	9 51	9 36	0 12	22 34
15	0 S19	22 54	22 59	1 15	20 38	20 21	0 59	9 22	9 08	0 13	22 36
17	0 N06	23 02	23 02	1 18	20 05	19 47	0 58	8 54	8 39	0 13	22 38
19	0 28	23 00	22 56	1 20	19 29	19 11	0 57	8 25	8 10	0 13	22 41
21	0 48	22 49	22 39	1 22	18 52	18 32	0 55	7 56	7 41	0 13	22 43
23	1 05	22 26	22 11	1 24	18 13	17 51	0 54	7 26	7 12	0 14	22 45
25	1 20	21 53	21 33	1 25	17 30	17 09	0 53	6 57	6 42	0 14	22 46
27	1 31	21 10	20 45	1 27	16 47	16 24	0 52	6 27	6 12	0 14	22 48
29	1 39	20 17	19 N 48	1 28	16 01	15 N38	0 50	5 57	5 N 42	0 14	22 50
31	1 N44	19 N16		1 N 28	15 N14		0 N 49	5 N27		0 S 15	22 S 52

FIRST QUARTER–July10,04h.35m. (18°♎18′)

FULL MOON – July18,07h.59m. (26°♑04′)

D M	☿ Long.	♀ Long.	♂ Long.	♃ Long.	♄ Long.	♅ Long.	♆ Long.	♇ Long.	☉	☿	♀	♂	♃	♄	♅	♆	♇
	° ′	° ′	° ′	° ′	° ′	° ′	° ′	° ′									
1	18♊28	16♋08	29♌54	18♑28	4♍33	22♓39	23♒56	29♐33		☌	⚺				□	△	
2	19 24	17 22	0♍29	18R 21	4 39	22R 39	23R 54	29R 32				⚹		⚹		⚼	☍
3	20 25	18 36	1 05	18 13	4 44	22 38	23 53	29 30	☌	⚺	☌	∠	☍	∠	△		
4	21 31	19 50	1 41	18 05	4 50	22 38	23 52	29 29		∠		⚺		⚺	⚼		
5	22 40	21 03	2 17	17 58	4 56	22 38	23 51	29 27	⚺	⚹	⚺						⚼
6	23 54	22 17	2 53	17 50	5 01	22 37	23 50	29 26	∠			☌	⚼	☌		☍	△
7	25 12	23 31	3 29	17 42	5 07	22 37	23 49	29 24	⚹		∠		△				
8	26 33	24 45	4 05	17 35	5 13	22 36	23 48	29 23		□	⚹				☍		□
9	27 59	25 58	4 41	17 27	5 19	22 36	23 46	29 21				⚺		⚺		⚼	
10	29♊28	27 12	5 17	17 19	5 25	22 35	23 45	29 20	□		□	∠	□	∠		△	
11	1♋02	28 26	5 53	17 11	5 31	22 34	23 44	29 18		△		⚹		⚹	⚼		⚹
12	2 38	29♋40	6 29	17 04	5 37	22 34	23 43	29 17	△	⚼			⚹				∠
13	4 19	0♌53	7 06	16 56	5 43	22 33	23 41	29 16			△		∠		△	□	⚺
14	6 03	2 07	7 42	16 48	5 49	22 32	23 40	29 14	⚼			□		□			
15	7 50	3 21	8 18	16 41	5 55	22 31	23 39	29 13			⚼		⚺		□	⚹	
16	9 41	4 35	8 55	16 33	6 01	22 30	23 37	29 11				△		△		∠	☌
17	11 34	5 48	9 31	16 26	6 08	22 29	23 36	29 10		☍			☌	⚼			
18	13 30	7 02	10 08	16 18	6 14	22 28	23 34	29 09	☍			⚼			⚹	⚺	⚺
19	15 29	8 16	10 44	16 11	6 20	22 27	23 33	29 07			☍		⚺		∠		∠
20	17 29	9 30	11 21	16 03	6 27	22 26	23 32	29 06							⚺	☌	⚹
21	19 32	10 43	11 58	15 56	6 33	22 25	23 30	29 05		⚼			∠	☍			
22	21 36	11 57	12 34	15 49	6 40	22 24	23 29	29 04	⚼	△		☍	⚹		☌	⚺	
23	23 41	13 11	13 11	15 41	6 47	22 23	23 27	29 02	△		⚼					∠	□
24	25 47	14 25	13 48	15 34	6 53	22 22	23 26	29 01			△		□	⚼	⚺		
25	27♋54	15 38	14 25	15 27	7 00	22 20	23 24	29 00	□	□		⚼				⚹	△
26	0♌01	16 52	15 02	15 20	7 07	22 19	23 23	28 59			□	△	△	△	∠		⚼
27	2 08	18 06	15 39	15 13	7 13	22 18	23 21	28 57		⚹			⚼		⚹	□	
28	4 15	19 20	16 16	15 06	7 20	22 16	23 20	28 56	⚹			□		□			
29	6 21	20 33	16 53	15 00	7 27	22 15	23 18	28 55	∠	∠	⚹				□	△	☍
30	8 26	21 47	17 30	14 53	7 34	22 13	23 17	28 54	⚺	⚺	∠	⚹	☍	⚹		⚼	
31	10♌31	23♌01	18♍07	14♑47	7♍41	22♓12	23♒15	28♐53			⚺			∠	△		

D M	Saturn Lat.	Saturn Dec.	Uranus Lat.	Uranus Dec.	Neptune Lat.	Neptune Dec.	Pluto Lat.	Pluto Dec.
	° ′	° ′	° ′	° ′	° ′	° ′	° ′	° ′
1	1N41	11N27	0S47	3S38	0S20	13S51	6N23	17S04
3	1 41	11 23	0 47	3 38	0 20	13 52	6 22	17 04
5	1 41	11 18	0 47	3 39	0 20	13 53	6 22	17 04
7	1 41	11 14	0 47	3 39	0 20	13 54	6 22	17 05
9	1 41	11 10	0 47	3 39	0 20	13 55	6 21	17 05
11	1 41	11 05	0 47	3 40	0 20	13 55	6 21	17 05
13	1 41	11 01	0 47	3 41	0 20	13 56	6 21	17 06
15	1 40	10 56	0 47	3 41	0 20	13 57	6 20	17 06
17	1 40	10 51	0 47	3 42	0 20	13 58	6 20	17 06
19	1 40	10 47	0 47	3 43	0 21	13 59	6 20	17 07
21	1 40	10 42	0 48	3 44	0 21	14 00	6 19	17 07
23	1 40	10 37	0 48	3 45	0 21	14 01	6 19	17 07
25	1 40	10 32	0 48	3 46	0 21	14 02	6 18	17 08
27	1 40	10 27	0 48	3 47	0 21	14 03	6 18	17 08
29	1 40	10 22	0 48	3 48	0 21	14 04	6 18	17 09
31	1N40	10N17	0S48	3S49	0S21	14S05	6N17	17S09

Mutual Aspects

1 ☿∇♃. 2 ♀±♆.
3 ♀☍♃.
4 ♀∠♄.
5 ☿Q♄. ☿□♅.
6 ☿△♆. ♀△♅. ♂⚼♃. ♃⊥♆. ☉∥♀.
7 ♀∇♆. ☉#♃. ♀#♃. ♂∥♄.
9 ☉☍♃. ☉±♆. ☿∥♀.
10 ☿☍♇. ♂☌♄. ☉∥☿.
12 ☉∠♄. ♀⊥♄. ♀∇♇.
13 ♀⊥♂. ☿#♃.
14 ☉△♅. ☿⚹♄.
15 ☉∠♂. ☉∇♆. ☿⚹♂. ☿⚼♆.
16 ♀±♇. 17 ♀⚺♄.
18 ♀⚼♅.
19 ☿☍♃.
20 ☿±♆.
21 ☉∇♇.
22 ☿∠♄. ☿△♅. ☿#♃.
23 ☉⊥♄. ☿∇♆. ♀⚺♂.
24 ♀⚼♇. 25 ♀∇♃.
26 ☿∠♂. ☿∇♇. ♀±♅. ♂△♃. ♀#♇.
27 ☉±♇. ☿⊥♄.
28 ☿±♇.
29 ☉☌☿. ☿⚼♅. ♀±♃.
30 ☉⚺♄. ☉⚼♅. ☿⚺♄. ♀∇♅.
31 ♀☍♆.

LAST QUARTER – July25,18h.42m. (3°♉10′)

16				AUGUST	2008			[RAPHAEL'S

D	D	Sidereal	☉	☉	☽	☽	☽	☽	24h.	
M	W	Time	Long.	Dec.	Long.	Lat.	Dec.	Node	☽ Long.	☽ Dec.

		h m s	° ′ ″	° ′	° ′ ″	° ′	° ′	° ′	° ′ ″	° ′
1	F	8 41 52	9 ♌ 36 06	17 N51	10 ♌ 36 02	0 N44	18 N17	19 ≈ 02	17 ♌ 43 43	15 N35
2	S	8 45 48	10 33 33	17 35	24 46 42	0 S35	12 43	18 59	1 ♍ 44 32	9 43
3	Su	8 49 45	11 31 00	17 20	8 ♍ 36 53	1 49	6 39	18 56	15 23 32	3 N33
4	M	8 53 41	12 28 27	17 04	22 04 24	2 55	0 N28	18 53	28 39 33	2 S36
5	T	8 57 38	13 25 56	16 47	5 ♎ 09 05	3 51	5 S34	18 49	11 ♎ 33 17	8 27
6	W	9 01 34	14 23 25	16 31	17 52 26	4 33	11 13	18 46	24 06 57	13 49
7	Th	9 05 31	15 20 55	16 14	0 ♏ 17 18	5 01	16 16	18 43	6 ♏ 23 57	18 31
8	F	9 09 28	16 18 26	15 57	12 27 27	5 15	20 34	18 40	18 28 21	22 24
9	S	9 13 24	17 15 58	15 40	24 27 13	5 15	23 58	18 37	0 ♐ 24 37	25 17
10	Su	9 17 21	18 13 30	15 22	6 ♐ 21 08	5 02	26 19	18 33	12 17 18	27 04
11	M	9 21 17	19 11 04	15 04	18 13 40	4 36	27 30	18 30	24 10 45	27 36
12	T	9 25 14	20 08 38	14 46	0 ♑ 09 02	3 57	27 24	18 27	6 ♑ 08 58	26 52
13	W	9 29 10	21 06 14	14 28	12 11 00	3 08	26 00	18 24	18 15 28	24 51
14	Th	9 33 07	22 03 50	14 09	24 22 44	2 10	23 23	18 21	0 ≈ 33 03	21 38
15	F	9 37 03	23 01 28	13 51	6 ≈ 46 42	1 S05	19 38	18 18	13 03 50	17 23
16	S	9 41 00	23 59 07	13 32	19 24 35	0 N05	14 56	18 14	25 49 04	12 17
17	Su	9 44 57	24 56 46	13 12	2 ✕ 17 18	1 15	9 29	18 11	8 ✕ 49 16	6 34
18	M	9 48 53	25 54 28	12 53	15 24 57	2 23	3 S33	18 08	22 04 14	0 S28
19	T	9 52 50	26 52 10	12 33	28 47 00	3 25	2 N39	18 05	5 ♈ 33 07	5 N45
20	W	9 56 46	27 49 54	12 14	12 ♈ 22 23	4 16	8 49	18 02	19 14 38	11 47
21	Th	10 00 43	28 47 40	11 54	26 09 38	4 53	14 38	17 59	3 ♉ 07 10	17 19
22	F	10 04 39	29 ♌ 45 28	11 33	10 ♉ 07 01	5 13	19 48	17 55	17 08 57	22 00
23	S	10 08 36	0 ♍ 43 17	11 13	24 12 41	5 15	23 54	17 52	1 ♊ 17 59	25 27
24	Su	10 12 32	1 41 08	10 53	8 ♊ 24 34	4 57	26 36	17 49	15 32 08	27 19
25	M	10 16 29	2 39 01	10 32	22 40 23	4 22	27 36	17 46	29 48 59	27 24
26	T	10 20 26	3 36 56	10 11	6 ♋ 57 33	3 30	26 45	17 43	14 ♋ 05 44	25 40
27	W	10 24 22	4 34 52	9 50	21 13 06	2 25	24 09	17 39	28 19 14	22 22
28	Th	10 28 19	5 32 50	9 29	5 ♌ 23 41	1 N12	20 05	17 36	12 ♌ 25 59	17 37
29	F	10 32 15	6 30 50	9 07	19 25 44	0 S05	14 55	17 33	26 22 28	12 03
30	S	10 36 12	7 28 52	8 46	3 ♍ 15 47	1 20	9 04	17 30	10 ♍ 05 20	6 N00
31	Su	10 40 08	8 ♍ 26 55	8 N24	16 ♍ 50 48	2 S30	2 N54	17 ≈ 27	23 ♍ 31 55	0 S12

D	Mercury			Venus			Mars			Jupiter		
M	Lat.		Dec.	Lat.		Dec.	Lat.		Dec.	Lat.		Dec.
	° ′	° ′	° ′	° ′	° ′	° ′	° ′	° ′	° ′	° ′	° ′	
1	1 N46	18 N43	18 N 09	1 N 29	14 N50	14 N25	0 N 49	5 N12	4 N 57	0 S 15	22 S 5⟨⟩
3	1 46	17 32	16 55	1 29	14 00	13 35	0 47	4 42	4 26	0 15	22 5⟨⟩
5	1 44	16 16	15 37	1 29	13 09	12 43	0 46	4 11	3 56	0 15	22 5⟨⟩
7	1 40	14 56	14 15	1 29	12 17	11 50	0 45	3 40	3 25	0 15	22 5⟨⟩
9	1 34	13 33	12 50	1 28	11 23	10 56	0 44	3 09	2 54	0 16	22 5⟨⟩
11	1 25	12 07	11 24	1 28	10 28	10 00	0 42	2 38	2 23	0 16	23 0⟨⟩
13	1 15	10 40	9 56	1 27	9 32	9 04	0 41	2 07	1 52	0 16	23 0⟨⟩
15	1 04	9 12	8 28	1 25	8 35	8 06	0 40	1 36	1 20	0 16	23 0⟨⟩
17	0 51	7 43	6 59	1 24	7 37	7 08	0 39	1 05	0 49	0 16	23 0⟨⟩
19	0 37	6 15	5 31	1 22	6 38	6 09	0 37	0 33	0 N 17	0 16	23 0⟨⟩
21	0 22	4 47	4 03	1 20	5 39	5 09	0 36	0 N02	0 S 14	0 17	23 0⟨⟩
23	0 N07	3 20	2 37	1 17	4 39	4 08	0 35	0 S 30	0 46	0 17	23 0⟨⟩
25	0 S 10	1 54	1 N 12	1 15	3 38	3 08	0 34	1 02	1 17	0 17	23 0⟨⟩
27	0 27	0 N30	0 S 12	1 12	2 37	2 06	0 33	1 33	1 49	0 17	23 0⟨⟩
29	0 44	0 S 53	1 S 33	1 09	1 36	1 N05	0 31	2 05	2 S 21	0 17	23 0⟨⟩
31	1 S 01	2 S 13		1 N 05	0 N34		0 N 30	2 S 37		0 S 18	23 S 0⟨⟩

FULL MOON–Aug.16,21h.16m. (24°♒21′)

D M	☿ Long.	♀ Long.	♂ Long.	♃ Long.	♄ Long.	♅ Long.	♆ Long.	♇ Long.
	° ′	° ′	° ′	° ′	° ′	° ′	° ′	° ′
1	12♌34	24♌15	18♍44	14♑40	7♍48	22♓10	23♒14	28♐52
2	14 37	25 29	19 22	14R 34	7 55	22R 09	23R 12	28R 51
3	16 38	26 42	19 59	14 28	8 02	22 07	23 10	28 50
4	18 38	27 56	20 36	14 22	8 09	22 06	23 09	28 49
5	20 36	29♌10	21 14	14 16	8 16	22 04	23 07	28 48
6	22 33	0♍24	21 51	14 10	8 23	22 02	23 06	28 47
7	24 28	1 37	22 29	14 04	8 30	22 00	23 04	28 46
8	26 22	2 51	23 06	13 59	8 37	21 59	23 02	28 45
9	28♌14	4 05	23 44	13 54	8 45	21 57	23 01	28 44
10	0♍05	5 19	24 22	13 48	8 52	21 55	22 59	28 43
11	1 55	6 32	25 00	13 43	8 59	21 53	22 57	28 42
12	3 42	7 46	25 37	13 39	9 06	21 51	22 56	28 41
13	5 29	9 00	26 15	13 34	9 14	21 49	22 54	28 41
14	7 13	10 13	26 53	13 29	9 21	21 47	22 53	28 40
15	8 57	11 27	27 31	13 25	9 28	21 45	22 51	28 39
16	10 39	12 41	28 09	13 21	9 36	21 43	22 49	28 38
17	12 19	13 54	28 47	13 16	9 43	21 41	22 48	28 38
18	13 58	15 08	29♍25	13 13	9 51	21 39	22 46	28 37
19	15 35	16 22	0♎03	13 09	9 58	21 37	22 44	28 36
20	17 11	17 35	0 41	13 05	10 05	21 35	22 43	28 36
21	18 46	18 49	1 19	13 02	10 13	21 33	22 41	28 35
22	20 19	20 03	1 58	12 59	10 20	21 31	22 39	28 35
23	21 51	21 16	2 36	12 56	10 28	21 28	22 38	28 34
24	23 21	22 30	3 14	12 53	10 35	21 26	22 36	28 34
25	24 50	23 44	3 53	12 50	10 43	21 24	22 35	28 33
26	26 18	24 57	4 31	12 47	10 50	21 22	22 33	28 33
27	27 44	26 11	5 10	12 45	10 58	21 20	22 31	28 32
28	29♍08	27 25	5 48	12 43	11 05	21 17	22 30	28 32
29	0♎32	28 38	6 27	12 41	11 13	21 15	22 28	28 32
30	1 53	29♍52	7 06	12 39	11 20	21 13	22 27	28 31
31	3♎13	1♎05	7♎45	12♑38	11♍28	21♓10	22♒25	28♐31

Lunar Aspects

D M	☉	☿	♀	♂	♃	♄	♅	♆	♇
1	☌	☌		∠		⚺	⚼		⚼
2			☌	⚺	⚼			☍	△
3	⚺				△	☌			
4	∠	⚺	⚺	☌			☍		
5		∠				⚺		⚼	□
6	✱	✱	∠	⚺	□	∠		△	
7			✱						✱
8	□			∠	✱	✱	⚼		∠
9		□		✱	∠		△	□	⚺
10			□			□			
11	△				⚺		□	✱	
12	⚼	△		□					☌
13			△		☌	△		∠	
14		⚼	⚼	△		⚼	✱	⚺	⚺
15				⚼			∠		
16	☍				⚺		⚺	☌	∠
17					∠				✱
18		☍	☍		✱	☍	☌		
19				☍				⚺	□
20	⚼				□			∠	
21	△					⚼	⚺	✱	△
22		⚼	⚼		△	△	∠		⚼
23	□	△	△	⚼	⚼		✱	□	
24				△		□			
25		□	□				□	△	☍
26	✱			□	☍	✱		⚼	
27	∠		✱			∠	△		
28	⚺	✱		✱		⚺	⚼		
29		∠	∠	∠				☍	⚼
30	☌	⚺	⚺	⚺	⚼				△
31					△	☌	☍		

D M	Saturn Lat.	Saturn Dec.	Uranus Lat.	Uranus Dec.	Neptune Lat.	Neptune Dec.	Pluto Lat.	Pluto Dec.
	° ′	° ′	° ′	° ′	° ′	° ′	° ′	° ′
1	1N40	10N14	0S48	3S50	0S21	14S06	6N17	17S09
3	1 40	10 09	0 48	3 51	0 21	14 07	6 16	17 10
5	1 40	10 03	0 48	3 52	0 21	14 08	6 16	17 10
7	1 40	9 58	0 48	3 54	0 21	14 09	6 15	17 11
9	1 40	9 53	0 48	3 55	0 21	14 10	6 15	17 11
11	1 40	9 47	0 48	3 57	0 21	14 11	6 14	17 12
13	1 40	9 42	0 48	3 58	0 21	14 12	6 14	17 12
15	1 40	9 36	0 48	4 00	0 21	14 13	6 13	17 13
17	1 40	9 31	0 48	4 01	0 21	14 14	6 13	17 13
19	1 40	9 25	0 48	4 03	0 21	14 15	6 12	17 14
21	1 40	9 20	0 48	4 05	0 21	14 17	6 12	17 14
23	1 40	9 14	0 48	4 06	0 21	14 18	6 11	17 15
25	1 40	9 08	0 48	4 08	0 21	14 19	6 11	17 15
27	1 40	9 03	0 48	4 10	0 21	14 20	6 10	17 16
29	1 40	8 57	0 48	4 12	0 21	14 21	6 09	17 17
31	1N40	8N51	0S48	4S14	0S21	14S22	6N09	17S17

Mutual Aspects

1 ☿⊥♂.
2 ☿⚻♃. ☿⚼♇.
3 ☿±♅. ♀⋕♆.
4 ☉∥☿. ☉⋕♇. ☿⋕♇.
5 ☉⚼♇. ☿⚺♂. ☿±♃. ♀⚼♃. ♀△♇.
6 ☉⚻♃. ☿⚻♅. ☿☍♆. ♂☍♅. ♂⋕♅.
8 ☉±♅. ♂⚻♆. ☿⋕♆.
9 ☿⚼♃. ☿△♇.
10 ☉⊥♂. 12 ☉±♃.
13 ♀☌♄. ♀∥♄.
14 ☉⚻♅. ☉⋕♆. ☿∥♄.
15 ☉☍♆. ☿☌♄.
17 ♀△♃. ♂±♆. ♂□♇. ☿∥♀.
18 ☿△♃. 20 ☉⚼♃.
21 ☉△♇. ☿☌♀.
22 ☿⋕♅.
23 ☿☍♅. ♀☍♅.
24 ☿⚻♆. ♀⚻♆. ♀⋕♅.
26 ☿⋕♂.
28 ☿±♆. ☿□♇. ♀⋕♂.
29 ☉⚺♂. ♀±♆. ♀□♇.
30 ☉∥♄. ☿⋕♀.
31 ♂⚼♆.

LAST QUARTER–Aug.23,23h.49m. (1°♊12′)

NEW MOON–Sep.29,08h.12m. (6°♎33′)

D M	D W	Sidereal Time	☉ Long.	☉ Dec.	☽ Long.	☽ Lat.	☽ Dec.	☽ Node	☽ Long.	☽ Dec.
		h m s	° ′ ″	° ′	° ′ ″	° ′	° ′	° ′	° ′ ″	° ′
1	M	10 44 05	9♍24 59	8 N02	0♎08 33	3 S29	3 S15	17 ≈ 24	6 ♎ 40 33	6 S14
2	T	10 48 01	10 23 05	7 40	13 07 56	4 17	9 07	17 20	19 30 46	11 52
3	W	10 51 58	11 21 13	7 18	25 49 10	4 50	14 28	17 17	2 ♏ 03 22	16 54
4	Th	10 55 55	12 19 22	6 56	8 ♏ 13 40	5 09	19 07	17 14	14 20 26	21 07
5	F	10 59 51	13 17 33	6 34	20 24 06	5 14	22 53	17 11	26 25 07	24 23
6	S	11 03 48	14 15 46	6 12	2 ♐ 24 00	5 04	25 37	17 08	8 ♐ 21 20	26 33
7	Su	11 07 44	15 13 59	5 49	14 17 40	4 42	27 11	17 05	20 13 36	27 30
8	M	11 11 41	16 12 15	5 27	26 09 45	4 08	27 31	17 01	2 ♑ 06 44	27 12
9	T	11 15 37	17 10 32	5 04	8 ♑ 05 08	3 23	26 34	16 58	14 05 34	25 37
10	W	11 19 34	18 08 50	4 41	20 08 35	2 28	24 22	16 55	26 14 42	22 50
11	Th	11 23 30	19 07 10	4 18	2 ≈ 24 27	1 26	21 01	16 52	8 ≈ 38 13	18 57
12	F	11 27 27	20 05 32	3 55	14 56 25	0 S19	16 39	16 49	21 19 20	14 08
13	S	11 31 24	21 03 55	3 33	27 47 11	0 N51	11 26	16 45	4 ✕ 20 05	8 35
14	Su	11 35 20	22 02 20	3 10	10 ✕ 58 04	2 00	5 S36	16 42	17 41 02	2 S31
15	M	11 39 17	23 00 46	2 46	24 28 48	3 04	0 N38	16 39	1 ♈ 21 05	3 N47
16	T	11 43 13	23 59 15	2 23	8 ♈ 17 30	3 59	6 56	16 36	15 17 34	10 02
17	W	11 47 10	24 57 45	2 00	22 20 45	4 40	13 01	16 33	29 26 29	15 51
18	Th	11 51 06	25 56 18	1 37	6 ♉ 34 08	5 04	18 29	16 30	13 ♉ 43 05	20 52
19	F	11 55 03	26 54 53	1 14	20 52 45	5 09	22 57	16 26	28 02 35	24 41
20	S	11 58 59	27 53 30	0 50	5 ♊ 12 03	4 56	26 01	16 23	12 ♊ 20 44	26 56
21	Su	12 02 56	28 52 09	0 27	19 28 16	4 24	27 25	16 20	26 34 19	27 26
22	M	12 06 53	29♍50 51	0 N04	3 ♋ 38 41	3 36	27 00	16 17	10 ♋ 41 09	26 07
23	T	12 10 49	0 ♎ 49 35	0 S20	17 41 36	2 36	24 51	16 14	24 39 56	23 12
24	W	12 14 46	1 48 21	0 43	1 ♌ 36 03	1 27	21 13	16 10	8 ♌ 29 55	18 57
25	Th	12 18 42	2 47 09	1 06	15 21 25	0 N13	16 27	16 07	22 10 29	13 45
26	F	12 22 39	3 46 00	1 30	28 57 01	1 S00	10 54	16 04	5 ♍ 40 55	7 57
27	S	12 26 35	4 44 52	1 53	12♍22 02	2 08	4 N57	16 01	19 00 15	1 N54
28	Su	12 30 32	5 43 47	2 17	25 35 24	3 09	1 S08	15 58	2 ♎ 07 21	4 S08
29	M	12 34 28	6 42 44	2 40	8 ♎ 35 59	3 59	7 04	15 55	15 01 12	9 53
30	T	12 38 25	7 ♎ 41 43	3 S03	21 ♎ 22 55	4 S35	12 S35	15 ≈ 51	27 ♎ 41 07	15 S08

D M	Mercury Lat.		Dec.		Venus Lat.		Dec.		Mars Lat.		Dec.		Jupiter Lat.		Dec.	
	° ′	° ′	° ′		° ′	° ′	° ′		° ′	° ′	° ′		° ′	° ′		
1	1 S10	2 S52	3 S 31		1 N 04	0 N03	0 S 28		0 N 30	2 S 53	3 S 08		0 S 18	23 S 08		
3	1 28	4 09	4 46		1 00	0 S 59	1 30		0 28	3 24	3 40		0 18	23 08		
5	1 45	5 22	5 58		0 56	2 01	2 32		0 27	3 56	4 12		0 18	23 09		
7	2 03	6 32	7 06		0 52	3 02	3 33		0 26	4 28	4 43		0 18	23 09		
9	2 20	7 38	8 09		0 47	4 04	4 35		0 25	4 59	5 15		0 18	23 09		
11	2 37	8 39	9 08		0 43	5 05	5 36		0 23	5 31	5 46		0 18	23 09		
13	2 53	9 35	10 01		0 38	6 06	6 36		0 22	6 02	6 18		0 19	23 09		
15	3 07	10 26	10 48		0 33	7 06	7 36		0 21	6 34	6 49		0 19	23 09		
17	3 21	11 09	11 27		0 28	8 06	8 36		0 20	7 05	7 20		0 19	23 09		
19	3 32	11 44	11 58		0 23	9 05	9 35		0 19	7 36	7 51		0 19	23 09		
21	3 41	12 09	12 17		0 17	10 04	10 33		0 17	8 07	8 22		0 19	23 08		
23	3 47	12 23	12 25		0 12	11 01	11 30		0 16	8 38	8 53		0 19	23 08		
25	3 49	12 24	12 19		0 N 06	11 58	12 26		0 15	9 08	9 24		0 19	23 07		
27	3 46	12 09	11 56		0 00	12 54	13 21		0 14	9 39	9 54		0 19	23 07		
29	3 37	11 38	11 16		0 S 06	13 48	14 15		0 12	10 09	10 S 24		0 19	23 06		
31	3 S21	10 S 49	11 S 16		0 S 12	14 S 41			0 N 11	10 S 39			0 S 20	23 S 05		

FIRST QUARTER–Sep. 7,14h.04m. (15°♐19′)

FULL MOON – Sep.15,09h.13m. (22° ♓ 54′)

D M	☿ Long.	♀ Long.	♂ Long.	♃ Long.	♄ Long.	♅ Long.	♆ Long.	♇ Long.	Lunar Aspects ☉	☿	♀	♂	♃	♄	♅	♆	♇
	° ′	° ′	° ′	° ′	° ′	° ′	° ′	° ′									
1	4♎32	2♎19	8♎23	12♑36	11♍36	21♓08	22♒24	28♐31		☌	☌						□
2	5 48	3 33	9 02	12R 35	11 43	21R 06	22R 22	28R 30	⚺			☌	□	⚺		⚼	
3	7 03	4 46	9 41	12 34	11 51	21 03	22 20	28 30	∠					∠		△	✱
4	8 17	6 00	10 20	12 33	11 58	21 01	22 19	28 30	✱	⚺	⚺	⚺	✱	✱	⚼		∠
5	9 28	7 13	10 59	12 33	12 06	20 59	22 17	28 30		∠	∠	∠			△	□	
6	10 38	8 27	11 38	12 32	12 13	20 56	22 16	28 30					∠				⚺
7	11 45	9 40	12 17	12 32	12 21	20 54	22 14	28 30	□	✱	✱	✱	⚺	□			
8	12 50	10 54	12 56	12D 32	12 29	20 51	22 13	28 30							□	✱	☌
9	13 53	12 07	13 36	12 32	12 36	20 49	22 12	28D 30			□	□	☌	△		∠	
10	14 54	13 21	14 15	12 33	12 44	20 47	22 10	28 30	△	□					✱	⚺	
11	15 52	14 34	14 54	12 33	12 51	20 44	22 09	28 30	⚼					⚼	∠		⚺
12	16 48	15 48	15 33	12 34	12 59	20 42	22 07	28 30		△	△	△	⚺		⚺		∠
13	17 40	17 01	16 13	12 35	13 06	20 39	22 06	28 30		⚼	⚼	⚼	∠			☌	✱
14	18 29	18 14	16 52	12 36	13 14	20 37	22 05	28 30					✱	☍			
15	19 15	19 28	17 32	12 37	13 21	20 35	22 03	28 30	☍						☌	⚺	□
16	19 58	20 41	18 11	12 39	13 29	20 32	22 02	28 31					□			∠	
17	20 36	21 54	18 51	12 40	13 36	20 30	22 01	28 31		☍	☍	☍		⚼	⚺	✱	△
18	21 11	23 08	19 31	12 42	13 44	20 28	21 59	28 31	⚼				△		∠		⚼
19	21 41	24 21	20 10	12 44	13 51	20 25	21 58	28 31	△				⚼	△	✱	□	
20	22 06	25 34	20 50	12 46	13 58	20 23	21 57	28 32		⚼	⚼	⚼					
21	22 25	26 48	21 30	12 49	14 06	20 20	21 55	28 32		△		△		□	□	△	
22	22 40	28 01	22 10	12 52	14 13	20 18	21 54	28 33	□		△					⚼	☍
23	22 48	29♎14	22 50	12 54	14 21	20 16	21 53	28 33		□		□	☍	✱	△		
24	22R 50	0♏28	23 30	12 57	14 28	20 13	21 52	28 33	✱		□			∠	⚼		
25	22 45	1 41	24 10	13 00	14 35	20 11	21 51	28 34	∠					⚺		☍	⚼
26	22 34	2 54	24 50	13 04	14 43	20 09	21 50	28 35	⚺	✱	✱	✱	⚼				△
27	22 15	4 07	25 30	13 07	14 50	20 06	21 49	28 35		∠		∠	△	☌			
28	21 48	5 20	26 10	13 11	14 57	20 04	21 47	28 36		⚺	∠	⚺			☍		□
29	21 14	6 34	26 50	13 15	15 04	20 02	21 46	28 36	☌		⚺		□			⚼	
30	20♎32	7♏47	27♎31	13♑19	15♍12	20♓00	21♒45	28♐37		●				⚺		△	

D M	Saturn Lat.	Saturn Dec.	Uranus Lat.	Uranus Dec.	Neptune Lat.	Neptune Dec.	Pluto Lat.	Pluto Dec.
	° ′	° ′	° ′	° ′	° ′	° ′	° ′	° ′
1	1N40	8N48	0S48	4S14	0S21	14S22	6N09	17S17
3	1 40	8 43	0 48	4 16	0 21	14 23	6 08	17 18
5	1 40	8 37	0 48	4 18	0 21	14 24	6 07	17 19
7	1 41	8 31	0 48	4 20	0 21	14 25	6 07	17 19
9	1 41	8 26	0 48	4 22	0 21	14 26	6 06	17 20
11	1 41	8 20	0 48	4 24	0 21	14 27	6 06	17 20
13	1 41	8 14	0 48	4 26	0 21	14 28	6 05	17 21
15	1 41	8 09	0 48	4 28	0 21	14 29	6 04	17 22
17	1 41	8 03	0 48	4 29	0 21	14 30	6 04	17 22
19	1 41	7 58	0 48	4 31	0 21	14 31	6 03	17 23
21	1 42	7 52	0 48	4 33	0 21	14 32	6 03	17 23
23	1 42	7 47	0 48	4 35	0 21	14 32	6 02	17 24
25	1 42	7 41	0 48	4 37	0 21	14 33	6 01	17 25
27	1 42	7 36	0 48	4 39	0 21	14 34	6 01	17 25
29	1 43	7 30	0 48	4 40	0 21	14 35	6 00	17 26
31	1N43	7N25	0S48	4S42	0S21	14S35	6N00	17S26

Mutual Aspects

1 ☿ ∥ ♂.
3 ☿ ⚼ ♆. ☿ ∥ ♅.
4 ☉ △ ♃. ☉ ☌ ♄.
5 ♀ ⚼ ♆. 6 ☉ # ☿.
7 ♂ □ ♃. ♂ ⚺ ♄. ♂ ∥ ♅.
8 ☿ ☌ ♂. ☿ □ ♃. ☿ ⚺ ♄. ♃ △ ♄. ♃ Stat.
9 ♀ □ ♃. ♀ ⚺ ♄. ☉ # ♂. ♇ Stat.
10 ☉ # ♀. ☿ # ♄. ♀ ∥ ♅.
11 ☉ # ♅.
12 ☿ Q ♇. ♀ ☌ ♂.
13 ☉ ☍ ♅. ♀ Q ♇. ♂ Q ♇. ♀ ∥ ♂.
14 ☉ ▽ ♆.
15 ☿ ☌ ♀. ☿ ⊥ ♄. ♀ ⊥ ♄.
16 ♀ ▽ ♅.
17 ☿ ▽ ♅. ♀ △ ♆. ♀ # ♄.
18 ♂ ⊥ ♄. 19 ♂ ▽ ♅.
20 ☉ ± ♆. ☿ △ ♆. ♂ # ♄.
21 ☉ □ ♇. ♀ ± ♅.
22 ♀ ✱ ♇. ♂ △ ♆.
23 ☿ ☌ ♂. ♀ ∠ ♄.
24 ♀ Q ♃. ☿ Stat.
26 ☿ ∥ ♀.
28 ☿ △ ♆. ♀ ⚼ ♅. ♂ ± ♅.
29 ☉ ⚼ ♆. ☿ ⊥ ♄.
30 ☉ ⚺ ♀.

LAST QUARTER – Sep.22,05h.04m. (29° ♊ 34′)

NEW MOON – Oct.28,23h.14m. (5°♏54')

D M	D W	Sidereal Time	⊙ Long.	⊙ Dec.	☽ Long.	☽ Lat.	☽ Dec.	Node	☽ Long.	☽ Dec.
		h m s	° ′ ″	° ′	° ′ ″	° ′	° ′	° ′	° ′ ″	° ′
1	W	12 42 22	8 ♎ 40 43	3 S 26	3 ♏ 55 51	4 S 58	17 S 29	15 ≈ 48	10 ♏ 07 11	19 S 39
2	Th	12 46 18	9 39 46	3 50	16 15 17	5 06	21 34	15 45	22 20 21	23 15
3	F	12 50 15	10 38 51	4 13	28 22 42	5 00	24 40	15 42	4 ♐ 22 38	25 48
4	S	12 54 11	11 37 57	4 36	10 ♐ 20 36	4 41	26 38	15 39	16 17 01	27 09
5	Su	12 58 08	12 37 06	4 59	22 12 26	4 10	27 22	15 36	28 07 24	27 16
6	M	13 02 04	13 36 16	5 22	4 ♑ 02 30	3 28	26 51	15 32	9 ♑ 58 22	26 07
7	T	13 06 01	14 35 28	5 45	15 55 39	2 37	25 05	15 29	21 55 01	23 47
8	W	13 09 57	15 34 42	6 08	27 57 07	1 39	22 11	15 26	4 ≈ 02 38	20 20
9	Th	13 13 54	16 33 57	6 31	10 ≈ 12 12	0 S 35	18 15	15 23	16 26 24	15 56
10	F	13 17 51	17 33 14	6 53	22 45 48	0 N 32	13 25	15 20	29 10 51	10 44
11	S	13 21 47	18 32 33	7 16	5 ♓ 41 58	1 39	7 53	15 16	12 ♓ 19 24	4 S 54
12	Su	13 25 44	19 31 54	7 39	19 03 19	2 43	1 S 50	15 13	25 53 41	1 N19
13	M	13 29 40	20 31 17	8 01	2 ♈ 50 21	3 39	4 N29	15 10	9 ♈ 52 59	7 39
14	T	13 33 37	21 30 41	8 23	17 01 03	4 24	10 45	15 07	24 13 54	13 44
15	W	13 37 33	22 30 08	8 45	1 ♉ 30 43	4 52	16 34	15 04	8 ♉ 50 33	19 11
16	Th	13 41 30	23 29 37	9 07	16 12 26	5 02	21 30	15 01	23 35 19	23 30
17	F	13 45 26	24 29 08	9 29	0 ♊ 58 11	4 52	25 07	14 57	8 ♊ 20 04	26 18
18	S	13 49 23	25 28 41	9 51	15 40 08	4 23	27 01	14 54	22 57 36	27 16
19	Su	13 53 20	26 28 17	10 13	0 ♋ 11 55	3 36	27 03	14 51	7 ♋ 22 36	26 22
20	M	13 57 16	27 27 55	10 34	14 29 21	2 37	25 15	14 48	21 32 00	23 46
21	T	14 01 13	28 27 35	10 56	28 30 29	1 30	21 55	14 45	5 ♌ 24 51	19 47
22	W	14 05 09	29 ♎ 27 17	11 17	12 ♌ 15 12	0 N18	17 25	14 42	19 01 42	14 50
23	Th	14 09 06	0 ♏ 27 02	11 38	25 44 32	0 S 53	12 06	14 38	2 ♍ 23 54	9 16
24	F	14 13 02	1 26 49	11 59	8 ♍ 59 59	2 00	6 20	14 35	15 32 59	3 N22
25	S	14 16 59	2 26 38	12 19	22 03 03	3 00	0 N24	14 32	28 30 18	2 S 33
26	Su	14 20 55	3 26 29	12 40	4 ♎ 54 48	3 49	5 S 27	14 29	11 ♎ 16 40	8 17
27	M	14 24 52	4 26 22	13 00	17 35 54	4 26	11 00	14 26	23 52 32	13 36
28	T	14 28 48	5 26 17	13 20	0 ♏ 06 35	4 50	16 02	14 22	6 ♏ 18 06	18 17
29	W	14 32 45	6 26 15	13 40	12 27 04	4 59	20 19	14 19	18 33 35	22 08
30	Th	14 36 42	7 26 14	14 00	24 37 42	4 55	23 42	14 16	0 ♐ 39 34	24 59
31	F	14 40 38	8 ♏ 26 15	14 S 19	6 ♐ 39 21	4 S 38	25 S 59	14 ≈ 13	12 ♐ 37 17	26 S 41

D M	Mercury Lat.	Mercury Dec.		Venus Lat.	Venus Dec.		Mars Lat.	Mars Dec.		Jupiter Lat.	Jupiter Dec.
	° ′	° ′	° ′	° ′	° ′	° ′	° ′	° ′	° ′	° ′	° ′
1	3 S 21	10 S 49	10 S 18	0 S 12	14 S 41	15 S 07	0 N 11	10 S 39	10 S 54	0 S 20	23 S 05
3	2 58	9 44	9 05	0 18	15 33	15 58	0 10	11 09	11 24	0 20	23 05
5	2 27	8 24	7 40	0 24	16 23	16 47	0 09	11 39	11 53	0 20	23 04
7	1 51	6 55	6 11	0 30	17 12	17 35	0 08	12 08	12 23	0 20	23 03
9	1 10	5 27	4 46	0 36	17 59	18 21	0 06	12 37	12 51	0 20	23 02
11	0 S 29	4 07	3 33	0 42	18 44	19 06	0 05	13 06	13 20	0 20	23 01
13	0 N09	3 03	2 39	0 48	19 27	19 48	0 04	13 34	13 48	0 20	22 59
15	0 44	2 20	2 07	0 54	20 08	20 28	0 03	14 02	14 16	0 20	22 58
17	1 12	2 00	1 58	1 00	20 48	21 06	0 N 02	14 30	14 43	0 20	22 57
19	1 34	2 01	2 10	1 06	21 25	21 42	0 00	14 57	15 10	0 21	22 55
21	1 50	2 23	2 40	1 12	22 00	22 16	0 S 01	15 24	15 37	0 21	22 54
23	2 00	3 01	3 25	1 18	22 32	22 47	0 02	15 50	16 03	0 21	22 52
25	2 05	3 52	4 22	1 23	23 02	23 16	0 04	16 16	16 29	0 21	22 50
27	2 06	4 54	5 27	1 29	23 30	23 42	0 05	16 42	16 54	0 21	22 48
29	2 04	6 02	6 S 38	1 34	23 55	24 S 06	0 06	17 07	17 S 19	0 21	22 46
31	1 N58	7 S 15		1 S 39	24 S 17		0 S 07	17 S 31		0 S 21	22 S 44

FIRST QUARTER – Oct. 7,09h.04m. (14°♑28')

FULL MOON–Oct.14,20h.02m. (21°♈51′)

EPHEMERIS]					OCTOBER 2008												21
D	☿	♀	♂	♃	♄	♅	♆	♇	Lunar Aspects								
M	Long.	Long.	Long.	Long.	Long.	Long.	Long.	Long.	☉	☿	♀	♂	♃	♄	♅	♆	♇
	° ′	° ′	° ′	° ′	° ′	° ′	° ′	° ′									
1	19♎44	9♏00	28♎11	13♑23	15♍19	19♓57	21♒44	28♐38	⚺		☌	☌		∠	⚼		✱
2	18R 49	10 13	28 52	13 28	15 26	19R 55	21R 43	28 38		⚺			✱	✱	△	□	∠
3	17 48	11 26	29♎32	13 32	15 33	19 53	21 43	28 39	∠	∠		⚺	∠				⚺
4	16 43	12 39	0♏13	13 37	15 40	19 51	21 42	28 40	✱	✱	⚺	∠	⚺	□			
5	15 34	13 52	0 53	13 42	15 47	19 49	21 41	28 41							□	✱	
6	14 24	15 05	1 34	13 47	15 54	19 46	21 40	28 42			∠	✱				∠	☌
7	13 14	16 18	2 14	13 52	16 01	19 44	21 39	28 42	□	□	✱		☌	△	✱	⚺	
8	12 07	17 31	2 55	13 58	16 08	19 42	21 38	28 43				□		⚼			⚺
9	11 03	18 44	3 36	14 04	16 15	19 40	21 37	28 44		△			⚺		∠		∠
10	10 06	19 57	4 17	14 09	16 22	19 38	21 37	28 45	△	⚼	□				⚺	☌	✱
11	9 16	21 10	4 58	14 15	16 29	19 36	21 36	28 46	⚼			△	∠				
12	8 35	22 23	5 39	14 21	16 35	19 34	21 35	28 47			△	⚼	✱	☍	☌	⚺	
13	8 04	23 36	6 20	14 28	16 42	19 32	21 35	28 48		☍	⚼					∠	□
14	7 44	24 49	7 01	14 34	16 49	19 30	21 34	28 49	☍				□		⚺	✱	
15	7 35	26 02	7 42	14 41	16 55	19 28	21 33	28 50				☍		⚼	∠		△
16	7D 36	27 15	8 23	14 47	17 02	19 26	21 33	28 52		⚼			△	△	✱	□	⚼
17	7 49	28 27	9 04	14 54	17 09	19 25	21 32	28 53		△	☍		⚼				
18	8 12	29♏40	9 45	15 01	17 15	19 23	21 32	28 54	⚼					□	□	△	
19	8 45	0♐53	10 27	15 09	17 22	19 21	21 31	28 55	△			⚼				⚼	☍
20	9 27	2 06	11 08	15 16	17 28	19 19	21 31	28 56		□	⚼	△	☍	✱	△		
21	10 17	3 18	11 50	15 23	17 34	19 18	21 30	28 58	□		△			∠	⚼		
22	11 14	4 31	12 31	15 31	17 41	19 16	21 30	28 59		✱		□		⚺			⚼
23	12 18	5 44	13 13	15 39	17 47	19 14	21 30	29 00	✱	∠			⚼			☍	△
24	13 28	6 56	13 54	15 47	17 53	19 13	21 29	29 02		⚺	□	✱					
25	14 43	8 09	14 36	15 55	17 59	19 11	21 29	29 03	∠				△	☌	☍		
26	16 02	9 22	15 18	16 03	18 05	19 10	21 29	29 04	⚺		✱	∠				⚼	□
27	17 25	10 34	15 59	16 11	18 11	19 08	21 29	29 06		☌		⚺	□	⚺		△	
28	18 51	11 47	16 41	16 20	18 17	19 07	21 28	29 07	☌		∠			∠	⚼		✱
29	20 20	12 59	17 23	16 28	18 23	19 05	21 28	29 09			⚺	☌	✱	✱			∠
30	21 50	14 11	18 05	16 37	18 29	19 04	21 28	29 10		⚺					△	□	⚺
31	23♎23	15♐24	18♏47	16♑46	18♍35	19♓03	21♒28	29♐12	⚺	∠			∠				

D	Saturn		Uranus		Neptune		Pluto	
M	Lat.	Dec.	Lat.	Dec.	Lat.	Dec.	Lat.	Dec.
	° ′	° ′	° ′	° ′	° ′	° ′	° ′	° ′
1	1N43	7N25	0S48	4S42	0S21	14S35	6N00	17S26
3	1 43	7 19	0 48	4 44	0 21	14 36	5 59	17 27
5	1 43	7 14	0 48	4 46	0 21	14 37	5 59	17 27
7	1 44	7 09	0 48	4 47	0 21	14 37	5 58	17 28
9	1 44	7 04	0 48	4 49	0 21	14 38	5 57	17 29
11	1 44	6 59	0 48	4 51	0 21	14 38	5 57	17 29
13	1 44	6 54	0 48	4 52	0 21	14 39	5 56	17 30
15	1 45	6 49	0 48	4 54	0 21	14 39	5 56	17 30
17	1 45	6 44	0 48	4 55	0 21	14 39	5 55	17 31
19	1 45	6 39	0 48	4 56	0 21	14 40	5 55	17 32
21	1 46	6 34	0 48	4 58	0 21	14 40	5 54	17 32
23	1 46	6 30	0 48	4 59	0 21	14 40	5 54	17 33
25	1 46	6 25	0 48	5 00	0 21	14 41	5 53	17 33
27	1 47	6 21	0 48	5 01	0 21	14 41	5 53	17 34
29	1 47	6 16	0 48	5 02	0 21	14 41	5 52	17 34
31	1N47	6N12	0S48	5S03	0S21	14S41	5N52	17S35

Mutual Aspects

1 ☿∇♅. ☿ ∥ ♂. ♀ ∥ ♆.
2 ♂✱♇.
4 ☿Q♇. ☉ ∥ ♅.
5 ☿⚺♄. ♀✱♃. ♀∠♇. ♂∠♄.
6 ☉☌☿. ☉□♃. ☿⚺♀. ☿□♃. ♂Q♃.
7 ♀✱♄. ☿ # ♄.
8 ☿⊥♀. ☉ ∥ ☿. ♀ ∥ ♇.
9 ☉⚺♄. ☉Q♇.
10 ♀△♅. ♂⚼♅. ☉ # ♄. ☿ ∥ ♅.
11 ♀□♆.
12 ☉∇♅. ♀⊥♇.
13 ☿∠♀. 14 ☉△♆.
15 ☉⊥♄. ☿⚺♂. ☿Stat.
17 ♀⚺♇.
18 ☉±♅. ♀∠♃. ♀Q♄. ♂ ∥ ♆.
22 ☉✱♇. ♃⊥♆.
24 ♂∠♇. ♀ ∥ ♃.
25 ☿⚺♂.
26 ☉⊥♀. ☉∠♄. ☿□♃. ♀Q♆.
27 ☉Q♃. ☉⚼♅. ☿Q♇. ♀⊥♃. ♂✱♃.
☿ ∥ ♅.
28 ☿⚺♄. ☿∇♅.
29 ☿ # ♄. 30 ☿△♆.
31 ♂✱♄. ♂△♅. ♂ ∥ ♇.

LAST QUARTER–Oct.21,11h.55m. (28°♋27′)

22					NOVEMBER		2008			[RAPHAEL'S
D	D	Sidereal	☉	☉	☽	☽	☽	☽	24h.	
M	W	Time	Long.	Dec.	Long.	Lat.	Dec.	Node	☽ Long.	☽ Dec.
		h m s	° ′ ″	° ′	° ′ ″	° ′	° ′	° ′	° ′	° ′
1	S	14 44 35	9 ♏ 26 18	14 S 38	18 ♐ 33 38	4 S 08	27 S 04	14 ≈ 10	24 ♐ 28 45	27 S 09
2	Su	14 48 31	10 26 23	14 57	0 ♑ 23 01	3 28	26 54	14 07	6 ♑ 16 54	26 22
3	M	14 52 28	11 26 29	15 16	12 10 53	2 39	25 31	14 03	18 05 32	24 24
4	T	14 56 24	12 26 37	15 34	24 01 27	1 43	23 00	14 00	29 59 16	21 20
5	W	15 00 21	13 26 46	15 53	5 ≈ 59 39	0 S 42	19 27	13 57	12 ≈ 03 16	17 20
6	Th	15 04 17	14 26 57	16 10	18 10 50	0 N23	15 01	13 54	24 23 01	12 31
7	F	15 08 14	15 27 09	16 28	0 ✕ 40 30	1 28	9 52	13 51	7 ✕ 03 54	7 04
8	S	15 12 11	16 27 23	16 46	13 33 45	2 30	4 S 09	13 48	20 10 32	1 S 09
9	Su	15 16 07	17 27 39	17 03	26 54 34	3 27	1 N56	13 44	3 ♈ 46 04	5 N02
10	M	15 20 04	18 27 55	17 19	10 ♈ 45 03	4 13	8 08	13 41	17 51 18	11 11
11	T	15 24 00	19 28 14	17 36	25 04 26	4 45	14 08	13 38	2 ♉ 23 50	16 55
12	W	15 27 57	20 28 34	17 52	9 ♉ 48 38	5 00	19 29	13 35	17 17 49	21 47
13	Th	15 31 53	21 28 55	18 08	24 50 11	4 54	23 44	13 32	2 ♊ 24 26	25 16
14	F	15 35 50	22 29 19	18 24	9 ♊ 59 14	4 28	26 22	13 28	17 33 14	26 58
15	S	15 39 46	23 29 44	18 39	25 05 03	3 43	27 01	13 25	2 ♋ 34 04	26 40
16	Su	15 43 43	24 30 11	18 54	9 ♋ 58 50	2 43	25 47	13 22	17 18 47	24 28
17	M	15 47 40	25 30 40	19 08	24 33 22	1 34	22 45	13 19	1 ♌ 42 14	20 43
18	T	15 51 36	26 31 10	19 23	8 ♌ 45 13	0 N20	18 24	13 16	15 42 18	15 52
19	W	15 55 33	27 31 43	19 37	22 33 38	0 S 53	13 10	13 13	29 19 25	10 21
20	Th	15 59 29	28 32 17	19 50	5 ♍ 59 57	2 01	7 26	13 09	12 ♍ 35 35	4 N30
21	F	16 03 26	29 ♏ 32 53	20 03	19 06 41	3 01	1 N32	13 06	25 33 39	1 S 24
22	S	16 07 22	0 ♐ 33 30	20 16	1 ♎ 56 49	3 50	4 S 18	13 03	8 ♎ 16 34	7 07
23	Su	16 11 19	1 34 09	20 29	14 33 13	4 27	9 51	13 00	20 47 02	12 27
24	M	16 15 15	2 34 50	20 41	26 58 18	4 51	14 55	12 57	3 ♏ 07 14	17 13
25	T	16 19 12	3 35 33	20 52	9 ♏ 14 01	5 01	19 20	12 54	15 18 49	21 13
26	W	16 23 09	4 36 17	21 04	21 21 47	4 58	22 53	12 50	27 23 02	24 17
27	Th	16 27 05	5 37 02	21 15	3 ♐ 22 44	4 41	25 25	12 47	9 ♐ 21 00	26 15
28	F	16 31 02	6 37 49	21 25	15 17 59	4 11	26 47	12 44	21 13 52	27 01
29	S	16 34 58	7 38 37	21 35	27 08 50	3 31	26 56	12 41	3 ♑ 03 09	26 32
30	Su	16 38 55	8 ♐ 39 26	21 S 45	8 ♑ 57 05	2 S 42	25 S 50	12 ≈ 38	14 ♑ 50 59	24 S 51

D	Mercury			Venus			Mars			Jupiter	
M	Lat.	Dec.		Lat.	Dec.		Lat.	Dec.		Lat.	Dec.
	° ′	° ′		° ′	° ′		° ′	° ′		° ′	° ′
1	1 N55	7 S 53	8 S 31	1 S 41	24 S 27	24 S 36	0 S 08	17 S 43	17 S 55	0 S 21	22 S 43
3	1 46	9 09	9 48	1 46	24 45	24 53	0 09	18 07	18 19	0 21	22 41
5	1 36	10 27	11 05	1 51	25 00	25 07	0 10	18 30	18 42	0 21	22 39
7	1 25	11 43	12 21	1 55	25 13	25 18	0 11	18 53	19 04	0 21	22 36
9	1 12	12 59	13 36	1 59	25 22	25 26	0 12	19 15	19 26	0 22	22 34
11	0 59	14 13	14 49	2 03	25 29	25 31	0 13	19 36	19 46	0 22	22 31
13	0 46	15 24	15 59	2 07	25 33	25 34	0 15	19 57	20 07	0 22	22 28
15	0 33	16 33	17 06	2 10	25 34	25 33	0 16	20 17	20 26	0 22	22 25
17	0 19	17 38	18 10	2 13	25 32	25 29	0 17	20 36	20 45	0 22	22 22
19	0 N05	18 41	19 10	2 16	25 27	25 23	0 18	20 55	21 04	0 22	22 19
21	0 S 08	19 39	20 07	2 18	25 19	25 13	0 19	21 12	21 21	0 22	22 16
23	0 21	20 34	21 00	2 20	25 08	25 01	0 21	21 30	21 38	0 22	22 13
25	0 34	21 25	21 49	2 21	24 54	24 46	0 22	21 46	21 54	0 22	22 09
27	0 47	22 11	22 33	2 22	24 37	24 28	0 23	22 01	22 09	0 22	22 06
29	0 59	22 53	23 13	2 23	24 18	24 S 07	0 24	22 16	22 S 23	0 23	22 02
31	1 S 11	23 S 31		2 S 23	23 S 56		0 S 25	22 S 30		0 S 23	21 S 58

EPHEMERIS] NOVEMBER 2008 23

D M	☿ Long. ° ′	♀ Long. ° ′	♂ Long. ° ′	♃ Long. ° ′	♄ Long. ° ′	♅ Long. ° ′	♆ Long. ° ′	♇ Long. ° ′	☉	☿	♀	♂	♃	♄	♅	♆	♇
1	24♎57	16♐ 36	19♏29	16♑55	18♍41	19♓01	21♒28	29♐ 13			☌	⚺	⚺	□	□	⚹	
2	26 32	17 49	20 11	17 04	18 46	19R 00	21D 28	29 15	∠	⚹		∠					☌
3	28 07	19 01	20 53	17 13	18 52	18 59	21 28	29 17	⚹				☌			∠	
4	29♎44	20 13	21 36	17 23	18 57	18 58	21 28	29 18			⚺	⚹		△	⚹	⚺	⚺
5	1♏21	21 25	22 18	17 32	19 03	18 57	21 28	29 20		□	∠			⚼	∠		
6	2 58	22 38	23 00	17 42	19 08	18 56	21 28	29 22	□		⚹	□	⚺		⚺	☌	∠
7	4 36	23 50	23 43	17 52	19 13	18 55	21 29	29 23		△			∠				⚹
8	6 13	25 02	24 25	18 01	19 19	18 54	21 29	29 25	△				⚹	☍	☌		
9	7 51	26 14	25 08	18 11	19 24	18 53	21 29	29 27	⚼	⚼	□	△				⚺	□
10	9 28	27 26	25 50	18 21	19 29	18 52	21 29	29 28				⚼				∠	
11	11 06	28 38	26 33	18 32	19 34	18 51	21 30	29 30			△		□		⚺	⚹	△
12	12 43	29♐ 50	27 15	18 42	19 39	18 50	21 30	29 32		☍	⚼			⚼	∠		⚼
13	14 20	1♑02	27 58	18 52	19 44	18 49	21 30	29 34	☍			☍	△	△	⚹	□	
14	15 57	2 13	28 41	19 03	19 48	18 49	21 31	29 36					⚼				
15	17 33	3 25	29♏24	19 13	19 53	18 48	21 31	29 37						□	□	△	☍
16	19 10	4 37	0♐ 06	19 24	19 58	18 48	21 32	29 39	⚼	⚼	☍	⚼				⚼	
17	20 46	5 48	0 49	19 35	20 02	18 47	21 32	29 41	△	△		△	☍	⚹	△		
18	22 22	7 00	1 32	19 46	20 07	18 46	21 33	29 43						∠	⚼		⚼
19	23 58	8 12	2 15	19 57	20 11	18 46	21 33	29 45	□	□	⚼			⚺		☍	
20	25 34	9 23	2 58	20 08	20 15	18 46	21 34	29 47			△	□	⚼				△
21	27 09	10 34	3 41	20 19	20 19	18 45	21 34	29 49					△	☌	☍		
22	28♏44	11 46	4 25	20 31	20 23	18 45	21 35	29 51	⚹	⚹		⚹				⚼	□
23	0♐ 19	12 57	5 08	20 42	20 27	18 45	21 36	29 53	∠	∠	□	∠		⚺			
24	1 54	14 08	5 51	20 54	20 31	18 45	21 36	29 55	⚺	⚺			□			△	⚹
25	3 29	15 19	6 35	21 05	20 35	18 44	21 37	29 57				⚺		∠	⚼		∠
26	5 03	16 30	7 18	21 17	20 39	18 44	21 38	29♐ 59			⚹		⚹	⚹	△	□	
27	6 38	17 41	8 01	21 29	20 43	18 44	21 39	0♑01	☌	☌	∠	☌	∠				⚺
28	8 12	18 52	8 45	21 40	20 46	18D 44	21 40	0 03			⚺			□	□		
29	9 46	20 03	9 28	21 52	20 50	18 44	21 41	0 05					⚺			⚹	☌
30	11♐ 20	21♑14	10♐ 12	22♑04	20♍53	18♓45	21♒42	0♑07	⚺	⚺		⚺				∠	

D M	Saturn Lat. ° ′	Saturn Dec. ° ′	Uranus Lat. ° ′	Uranus Dec. ° ′	Neptune Lat. ° ′	Neptune Dec. ° ′	Pluto Lat. ° ′	Pluto Dec. ° ′
1	1N48	6N10	0S48	5S04	0S21	14S41	5N51	17S35
3	1 48	6 06	0 47	5 05	0 21	14 41	5 51	17 35
5	1 48	6 02	0 47	5 06	0 21	14 41	5 50	17 36
7	1 49	5 58	0 47	5 06	0 21	14 41	5 50	17 36
9	1 49	5 54	0 47	5 07	0 21	14 41	5 49	17 37
11	1 50	5 51	0 47	5 08	0 21	14 41	5 49	17 37
13	1 50	5 47	0 47	5 08	0 21	14 40	5 49	17 38
15	1 51	5 44	0 47	5 09	0 21	14 40	5 48	17 38
17	1 51	5 41	0 47	5 09	0 21	14 40	5 48	17 39
19	1 51	5 38	0 47	5 10	0 21	14 39	5 47	17 39
21	1 52	5 35	0 47	5 10	0 21	14 39	5 47	17 39
23	1 52	5 32	0 47	5 10	0 21	14 39	5 47	17 40
25	1 53	5 29	0 47	5 10	0 21	14 38	5 46	17 40
27	1 53	5 27	0 47	5 10	0 21	14 38	5 46	17 41
29	1 54	5 24	0 46	5 10	0 21	14 37	5 45	17 41
31	1N54	5N22	0S46	5S10	0S21	14S37	5N45	17S41

Mutual Aspects

1 ☿⊥♄. ☿±♅. ♀⚺♃. ☉∥♆.
2 ♆Stat.
3 ♀□♄. ♀□♅.
4 ☿⚹♇. ♂□♆. ♄☍♅.
5 ♀⚹♆. 6 ☉∠♇.
7 ☿∠♄. ☿⚼♅. ♀⚺♂. ♂⊥♇.
8 ☿Q♃.
10 ☉⚹♃. ☉△♅.
11 ☉⚹♄. ☉∥♇.
12 ♀☌♇. ☿∥♆.
13 ☉□♆. ☿∠♇. ♃⚹♅.
15 ☉⊥♇. ♂⚺♇.
16 ☿⚹♃. ☿△♅.
17 ☿∠♀. ☿⚹♄. ☿□♆. ☿∥♇.
18 ♀Q♅. ♀∠♆.
19 ☿⊥♇. ♀⊥♂. ♂Q♄.
21 ☉⚺♇. ♃△♄.
23 ☿⚺♇. ☉∥☿.
24 ☉Q♄. ☿Q♄. ♂∠♃.
25 ☉☌☿. ♀⊥♆.
26 ☿∥♂.
27 ☿∠♃. ☿∥♃. ♂∥♃. ♅Stat.
28 ☉∠♃. ♀⚹♅. ♃⚺♆.
29 ☿☌♂. ☿Q♆. ♂Q♆.
30 ♀△♄. ♀⚺♆.

24					DECEMBER		2008			[RAPHAEL'S

D	D	Sidereal	☉	☉	☽	☽	☽	☽		24h.	
M	W	Time	Long.	Dec.	Long.	Lat.	Dec.	Node	☽ Long.		☽ Dec.

		h m s	° ′ ″	° ′	° ′ ″	° ′	° ′	° ′	° ′ ″		° ′
1	M	16 42 51	9 ♐ 40 16	21 S 54	20 ♑ 45 08	1 S 46	23 S 35	12 ♒ 34	26 ♑ 40 03		22 S 04
2	T	16 46 48	10 41 07	22 03	2 ♒ 36 10	0 S 45	20 18	12 31	8 ♒ 33 59		18 20
3	W	16 50 44	11 42 00	22 11	14 34 04	0 N19	16 09	12 28	20 37 00		13 48
4	Th	16 54 41	12 42 52	22 19	26 43 24	1 24	11 18	12 25	2 ♓ 53 55		8 39
5	F	16 58 38	13 43 46	22 27	9 ♓ 09 10	2 25	5 54	12 22	15 29 48		3 S 02
6	S	17 02 34	14 44 41	22 34	21 56 24	3 22	0 S 07	12 19	28 29 31		2 N52
7	Su	17 06 31	15 45 36	22 41	5 ♈ 09 37	4 09	5 N52	12 15	11 ♈ 57 04		8 51
8	M	17 10 27	16 46 32	22 47	18 52 03	4 44	11 46	12 12	25 54 39		14 36
9	T	17 14 24	17 47 28	22 53	3 ♉ 04 42	5 04	17 18	12 09	10 ♉ 21 49		19 46
10	W	17 18 20	18 48 25	22 58	17 45 25	5 04	21 59	12 06	25 14 41		23 52
11	Th	17 22 17	19 49 23	23 03	2 ♊ 48 33	4 44	25 22	12 03	10 ♊ 25 48		26 24
12	F	17 26 13	20 50 22	23 07	18 05 05	4 03	26 57	11 59	25 45 00		26 58
13	S	17 30 10	21 51 22	23 11	3 ♋ 24 06	3 05	26 29	11 56	11 ♋ 01 02		25 29
14	Su	17 34 07	22 52 23	23 15	18 34 34	1 54	24 02	11 53	26 03 36		22 10
15	M	17 38 03	23 53 24	23 18	3 ♌ 27 15	0 N36	19 58	11 50	10 ♌ 44 52		17 29
16	T	17 42 00	24 54 26	23 21	17 55 58	0 S 42	14 47	11 47	25 00 19		11 56
17	W	17 45 56	25 55 29	23 23	1 ♍ 57 50	1 55	8 59	11 44	8 ♍ 48 35		5 N58
18	Th	17 49 53	26 56 33	23 24	15 32 48	3 00	2 N56	11 40	22 10 47		0 S 05
19	F	17 53 49	27 57 38	23 25	28 42 55	3 53	3 S 03	11 37	5 ♎ 09 39		5 56
20	S	17 57 46	28 58 44	23 26	11 ♎ 31 27	4 32	8 44	11 34	17 48 48		11 24
21	Su	18 01 42	29 ♐ 59 51	23 26	24 02 10	4 58	13 56	11 31	0 ♏ 12 02		16 18
22	M	18 05 39	1 ♑ 00 58	23 26	6 ♏ 18 50	5 09	18 29	11 28	12 23 01		20 28
23	T	18 09 36	2 02 06	23 25	18 24 56	5 07	22 13	11 25	24 24 59		23 43
24	W	18 13 32	3 03 15	23 24	0 ♐ 23 27	4 51	24 58	11 21	6 ♐ 20 40		25 58
25	Th	18 17 29	4 04 24	23 23	12 16 54	4 22	26 36	11 18	18 12 23		26 57
26	F	18 21 25	5 05 33	23 21	24 07 21	3 42	27 01	11 15	0 ♑ 02 03		26 45
27	S	18 25 22	6 06 43	23 18	5 ♑ 56 39	2 53	26 11	11 12	11 51 25		25 19
28	Su	18 29 18	7 07 54	23 15	17 46 34	1 56	24 10	11 09	23 42 19		22 45
29	M	18 33 15	8 09 04	23 12	29 38 56	0 S 53	21 06	11 05	5 ♒ 36 44		19 12
30	T	18 37 11	9 10 15	23 07	11 ♒ 35 50	0 N12	17 07	11 02	17 37 04		14 51
31	W	18 41 08	10 ♑ 11 25	23 S 03	23 ♒ 40 20	1 N17	12 S 25	10 ♒ 59	29 ♒ 46 11		9 S 51

D	Mercury			Venus			Mars			Jupiter	
M	Lat.	Dec.		Lat.	Dec.		Lat.	Dec.		Lat.	Dec.

	° ′	° ′	° ′	° ′	° ′	° ′	° ′	° ′	° ′	° ′	° ′
1	1 S 11	23 S 31	23 S 48	2 S 23	23 S 56	23 S 44	0 S 25	22 S 30	22 S 37	0 S 23	21 S 58
3	1 22	24 04	24 18	2 23	23 32	23 18	0 26	22 43	22 49	0 23	21 54
5	1 32	24 31	24 43	2 23	23 04	22 50	0 28	22 55	23 01	0 23	21 50
7	1 41	24 54	25 03	2 22	22 35	22 19	0 29	23 06	23 12	0 23	21 46
9	1 50	25 11	25 18	2 20	22 03	21 46	0 30	23 17	23 21	0 23	21 42
11	1 57	25 23	25 27	2 18	21 29	21 11	0 31	23 26	23 30	0 23	21 38
13	2 03	25 29	25 30	2 16	20 52	20 33	0 32	23 34	23 38	0 23	21 33
15	2 08	25 29	25 27	2 13	20 14	19 53	0 33	23 42	23 45	0 23	21 29
17	2 12	25 24	25 18	2 10	19 33	19 12	0 34	23 48	23 51	0 24	21 24
19	2 14	25 12	25 04	2 06	18 51	18 29	0 35	23 54	23 56	0 24	21 19
21	2 14	24 54	24 43	2 01	18 06	17 44	0 36	23 59	24 00	0 24	21 14
23	2 12	24 30	24 16	1 56	17 20	16 57	0 38	24 02	24 03	0 24	21 09
25	2 08	24 01	23 44	1 51	16 33	16 09	0 39	24 05	24 05	0 24	21 04
27	2 01	23 26	23 06	1 45	15 44	15 19	0 40	24 06	24 06	0 24	20 59
29	1 51	22 45	22 S 23	1 38	14 54	14 S 28	0 41	24 06	24 S 06	0 24	20 53
31	1 S 38	22 S 00		1 S 31	14 S 02		0 S 42	24 S 06		0 S 25	20 S 48

FULL MOON – Dec.12,16h.37m. (21° ♊ 02′)

D M	☿ Long.	♀ Long.	♂ Long.	♃ Long.	♄ Long.	♅ Long.	♆ Long.	♇ Long.
	° ′	° ′	° ′	° ′	° ′	° ′	° ′	° ′
1	12♐54	22♑24	10♐56	22♑16	20♍56	18♓45	21♒43	0♑09
2	14 28	23 35	11 39	22 29	20 59	18 45	21 44	0 11
3	16 02	24 45	12 23	22 41	21 02	18 45	21 45	0 13
4	17 36	25 56	13 07	22 53	21 05	18 46	21 46	0 15
5	19 10	27 06	13 51	23 06	21 08	18 46	21 47	0 18
6	20 44	28 16	14 35	23 18	21 11	18 46	21 48	0 20
7	22 17	29♑26	15 19	23 31	21 14	18 47	21 49	0 22
8	23 51	0♒36	16 03	23 43	21 16	18 47	21 50	0 24
9	25 25	1 46	16 47	23 56	21 19	18 48	21 51	0 26
10	26 59	2 56	17 31	24 09	21 21	18 49	21 53	0 28
11	28♐33	4 05	18 15	24 21	21 23	18 49	21 54	0 30
12	0♑07	5 14	18 59	24 34	21 26	18 50	21 55	0 33
13	1 41	6 24	19 44	24 47	21 28	18 51	21 57	0 35
14	3 15	7 33	20 28	25 00	21 30	18 52	21 58	0 37
15	4 49	8 42	21 12	25 13	21 31	18 52	21 59	0 39
16	6 23	9 51	21 57	25 26	21 33	18 53	22 01	0 41
17	7 56	10 59	22 41	25 39	21 35	18 54	22 02	0 44
18	9 30	12 08	23 26	25 53	21 36	18 55	22 04	0 46
19	11 04	13 16	24 10	26 06	21 38	18 57	22 05	0 48
20	12 37	14 24	24 55	26 19	21 39	18 58	22 07	0 50
21	14 10	15 32	25 39	26 33	21 40	18 59	22 08	0 52
22	15 42	16 40	26 24	26 46	21 41	19 00	22 10	0 55
23	17 14	17 48	27 09	26 59	21 42	19 01	22 11	0 57
24	18 46	18 55	27 54	27 13	21 43	19 03	22 13	0 59
25	20 16	20 03	28 39	27 26	21 44	19 04	22 15	1 01
26	21 46	21 10	29♐23	27 40	21 44	19 06	22 16	1 03
27	23 14	22 17	0♑08	27 54	21 45	19 07	22 18	1 06
28	24 41	23 23	0 53	28 07	21 45	19 09	22 20	1 08
29	26 06	24 30	1 38	28 21	21 46	19 10	22 21	1 10
30	27 29	25 36	2 24	28 35	21 46	19 12	22 23	1 12
31	28♑49	26♒42	3♑09	28♑49	21♍46	19♓13	22♒25	1♑14

Lunar Aspects

D	☉	☿	♀	♂	♃	♄	♅	♆	♇
1	∠		●	∠	☌	△	⚹	⚺	
2		∠				⚻	∠		⚺
3	⚹	⚹		⚹			⚺		∠
4			⚺		⚺			☌	⚹
5	□		∠	□	∠				
6		□			⚹	☍	☌	⚺	
7			⚹					∠	□
8	△	△		△	□		⚺	⚹	
9	⚻		□	⚻		⚻	∠		△
10		⚻			△	△	⚹	□	⚻
11			△		⚻				
12	☍		⚻	☍		□	□	△	
13		☍						⚻	☍
14					☍	⚹	△		
15	⚻		☍	⚻		∠	⚻		
16		⚻		△		⚺		☍	⚻
17	△	△							△
18					⚻	☌	☍		
19	□		⚻	□	△				□
20		□	△					⚻	
21				⚹	□	⚺		△	
22	⚹			∠		∠	⚻		⚹
23	∠	⚹	□			⚹	△	□	∠
24	⚺	∠		⚺	⚹				⚺
25					∠				
26		⚺	⚹	☌	⚺	□	□	⚹	
27	☌		∠					∠	☌
28						△	⚹	⚺	
29		●	⚺	⚺	●		∠		⚺
30	⚺					⚻			∠
31	∠	⚺	☌	∠	⚺		⚺	☌	

D M	Saturn Lat.	Saturn Dec.	Uranus Lat.	Uranus Dec.	Neptune Lat.	Neptune Dec.	Pluto Lat.	Pluto Dec.
	° ′	° ′	° ′	° ′	° ′	° ′	° ′	° ′
1	1N54	5N22	0S46	5S10	0S21	14S37	5N45	17S41
3	1 55	5 20	0 46	5 10	0 21	14 36	5 45	17 42
5	1 55	5 18	0 46	5 09	0 21	14 35	5 45	17 42
7	1 56	5 16	0 46	5 09	0 21	14 35	5 44	17 42
9	1 57	5 15	0 46	5 09	0 21	14 34	5 44	17 42
11	1 57	5 13	0 46	5 08	0 21	14 33	5 44	17 43
13	1 58	5 12	0 46	5 07	0 21	14 32	5 43	17 43
15	1 58	5 11	0 46	5 07	0 21	14 31	5 43	17 43
17	1 59	5 10	0 46	5 06	0 21	14 30	5 43	17 43
19	1 59	5 09	0 46	5 05	0 21	14 29	5 43	17 44
21	2 00	5 09	0 46	5 04	0 21	14 28	5 42	17 44
23	2 00	5 08	0 46	5 03	0 21	14 27	5 42	17 44
25	2 01	5 08	0 45	5 02	0 21	14 26	5 42	17 44
27	2 01	5 08	0 45	5 01	0 21	14 25	5 42	17 44
29	2 02	5 08	0 45	4 59	0 21	14 24	5 42	17 44
31	2N03	5N09	0S45	4S58	0S21	14S23	5N42	17S44

Mutual Aspects

1 ☉Q♆. ♀☌♃. ☉∥♃.
2 ☿∥♀.
3 ☿⊥♃.
5 ☉☌♂. ☿□♅. ♀∥♂.
6 ☿□♄.
7 ☿⚹♆. ☉∥♀.
8 ☿⚺♃. ♀⚺♇.
9 ☉⊥♃. ♀∠♂.
10 ☉□♅. ☿⊥♀. ♀∥♃.
11 ♀∠♅. ♂⊥♃.
12 ☿☌♇. ♂□♅.
13 ☉□♄. ☉⚹♆. ♀⚻♄. ♀⊥♇.
15 ♂□♄.
16 ☉∠♀. ☿Q♅. ☿∠♆. ♂⚹♆.
17 ☉⚺♃.
19 ♀⊥♅.
21 ♀±♄. ♀∠♇.
22 ☉☌♇. ☿⊥♆. ♀∥♇.
23 ♂⚺♃.
24 ☿⚺♀. ☿⚹♅. ♀⚺♅.
25 ☿∥♂.
26 ☿△♄. ☿⚺♆.
27 ♀∇♄. ♀☌♆. ☉∥☿.
28 ☉Q♅. ☉∠♆. ♂☌♇.
30 ♀∥♆.
31 ☿☌♃. ♄ Stat.

LAST QUARTER – Dec.19,10h.29m. (27°♍54′)

JANUARY

D	☉	☽	☽Dec.	☿	♀	♂
1	1 01 10	11 52 03	4 45	1 38	1 13	22
2	1 01 10	11 50 33	4 03	1 38	1 13	21
3	1 01 10	11 53 07	3 11	1 38	1 13	21
4	1 01 11	11 58 58	2 08	1 38	1 13	20
5	1 01 11	12 07 18	0 53	1 38	1 13	19
6	1 01 11	12 17 17	0 29	1 38	1 13	19
7	1 01 11	12 28 11	1 52	1 38	1 13	18
8	1 01 11	12 39 30	3 10	1 37	1 13	18
9	1 01 11	12 50 56	4 18	1 37	1 13	17
10	1 01 10	13 02 27	5 13	1 36	1 13	16
11	1 01 10	13 14 11	5 52	1 35	1 13	15
12	1 01 09	13 26 22	6 16	1 34	1 13	15
13	1 01 09	13 39 08	6 23	1 33	1 13	14
14	1 01 08	13 52 19	6 13	1 31	1 13	13
15	1 01 07	14 05 21	5 43	1 29	1 13	12
16	1 01 06	14 17 12	4 50	1 27	1 13	12
17	1 01 06	14 26 28	3 32	1 24	1 13	11
18	1 01 05	14 31 33	1 51	1 20	1 13	10
19	1 01 04	14 31 10	0 03	1 16	1 14	9
20	1 01 03	14 24 36	1 56	1 11	1 14	8
21	1 01 03	14 11 59	3 33	1 06	1 14	7
22	1 01 02	13 54 23	4 45	0 59	1 14	7
23	1 01 01	13 33 27	5 32	0 52	1 14	6
24	1 01 00	13 11 10	5 55	0 44	1 14	5
25	1 01 00	12 49 25	6 00	0 35	1 14	4
26	1 00 59	12 29 51	5 51	0 25	1 14	3
27	1 00 59	12 13 40	5 30	0 15	1 14	3
28	1 00 58	12 01 44	4 59	0 04	1 14	2
29	1 00 57	11 54 29	4 19	0 07	1 14	1
30	1 00 57	11 52 04	3 29	0 19	1 14	0
31	1 00 56	11 54 21	2 28	0 30	1 14	0

FEBRUARY

D	☉	☽	☽Dec.	☿	♀	♂
1	1 00 55	12 00 58	1 17	0 40	1 14	1
2	1 00 54	12 11 19	0 02	0 50	1 14	2
3	1 00 54	12 24 37	1 25	0 58	1 14	3
4	1 00 53	12 39 55	2 47	1 05	1 14	3
5	1 00 52	12 56 10	4 01	1 09	1 14	4
6	1 00 50	13 12 20	5 04	1 12	1 14	5
7	1 00 49	13 27 29	5 50	1 12	1 14	5
8	1 00 48	13 40 51	6 20	1 11	1 14	6
9	1 00 46	13 51 58	6 31	1 08	1 14	7
10	1 00 45	14 00 36	6 23	1 03	1 14	7
11	1 00 43	14 06 44	5 53	0 57	1 14	8
12	1 00 42	14 10 28	5 02	0 50	1 14	9
13	1 00 40	14 11 53	3 49	0 43	1 14	9
14	1 00 38	14 11 02	2 15	0 35	1 14	10
15	1 00 37	14 07 51	0 28	0 27	1 14	11
16	1 00 35	14 02 12	1 20	0 19	1 14	11
17	1 00 33	13 53 59	2 59	0 12	1 14	12
18	1 00 31	13 43 13	4 18	0 04	1 14	12
19	1 00 30	13 30 07	5 14	0 03	1 14	13
20	1 00 28	13 15 11	5 47	0 09	1 14	13
21	1 00 26	12 59 08	6 01	0 15	1 14	14
22	1 00 25	12 42 53	5 59	0 21	1 14	14
23	1 00 23	12 27 28	5 43	0 27	1 14	15
24	1 00 22	12 13 53	5 15	0 32	1 14	15
25	1 00 20	12 03 05	4 37	0 36	1 14	16
26	1 00 19	11 55 49	3 49	0 40	1 14	16
27	1 00 17	11 52 44	2 50	0 44	1 14	17
28	1 00 16	11 54 11	1 42	0 48	1 14	17
29	1 00 15	12 00 23	0 26	0 52	1 14	17

MARCH

D	☉	☽	☽Dec.	☿	♀	♂
1	1 00 13	12 11 13	0 54	0 55	1 14	18
2	1 00 12	12 26 18	2 16	0 58	1 14	18
3	1 00 10	12 44 56	3 33	1 00	1 14	19
4	1 00 08	13 06 00	4 41	1 03	1 14	19
5	1 00 07	13 28 00	5 37	1 05	1 14	19
6	1 00 05	13 49 10	6 17	1 08	1 14	20
7	1 00 03	14 07 36	6 38	1 10	1 14	20
8	1 00 01	14 21 35	6 38	1 12	1 14	21
9	0 59 59	14 29 55	6 14	1 14	1 14	21
10	0 59 57	14 32 11	5 26	1 15	1 14	21
11	0 59 55	14 28 46	4 13	1 17	1 14	22
12	0 59 53	14 20 46	2 40	1 19	1 14	22
13	0 59 50	14 09 37	0 53	1 20	1 14	22
14	0 59 48	13 56 42	0 56	1 22	1 14	22
15	0 59 46	13 43 12	2 34	1 24	1 14	23
16	0 59 44	13 29 49	3 54	1 25	1 14	23
17	0 59 41	13 16 54	4 53	1 26	1 14	23
18	0 59 39	13 04 29	5 32	1 28	1 14	24
19	0 59 37	12 52 30	5 52	1 29	1 14	24
20	0 59 35	12 40 50	5 57	1 31	1 14	24
21	0 59 33	12 29 31	5 47	1 32	1 14	24
22	0 59 31	12 18 46	5 25	1 33	1 14	25
23	0 59 29	12 09 00	4 51	1 35	1 14	25
24	0 59 27	12 00 49	4 06	1 36	1 14	25
25	0 59 25	11 54 57	3 10	1 37	1 14	25
26	0 59 23	11 52 08	2 05	1 39	1 14	26
27	0 59 21	11 53 05	0 51	1 40	1 14	26
28	0 59 20	11 58 23	0 26	1 41	1 14	26
29	0 59 18	12 08 29	1 45	1 43	1 14	26
30	0 59 16	12 23 30	3 01	1 44	1 14	26
31	0 59 14	12 43 13	4 10	1 46	1 14	27

APRIL

D	☉	☽	☽Dec.	☿	♀	♂
1	0 59 12	13 06 55	5 10	1 47	1 14	27
2	0 59 10	13 33 13	5 57	1 48	1 14	27
3	0 59 09	14 00 02	6 29	1 50	1 14	27
4	0 59 07	14 24 43	6 42	1 51	1 14	27
5	0 59 05	14 44 18	6 32	1 53	1 14	28
6	0 59 03	14 56 15	5 55	1 54	1 14	28
7	0 59 01	14 59 04	4 49	1 55	1 14	28
8	0 58 59	14 52 46	3 16	1 57	1 14	28
9	0 58 56	14 38 55	1 25	1 58	1 14	28
10	0 58 54	14 19 58	0 29	2 00	1 14	29
11	0 58 52	13 58 41	2 17	2 01	1 14	29
12	0 58 50	13 37 22	3 38	2 02	1 14	29
13	0 58 47	13 17 40	4 40	2 03	1 14	29
14	0 58 45	13 00 24	5 20	2 04	1 14	29
15	0 58 43	12 45 49	5 43	2 05	1 14	29
16	0 58 40	12 33 42	5 50	2 06	1 14	29
17	0 58 38	12 23 38	5 45	2 07	1 14	30
18	0 58 36	12 15 09	5 27	2 07	1 14	30
19	0 58 34	12 07 52	4 58	2 08	1 14	30
20	0 58 32	12 01 39	4 17	2 07	1 14	30
21	0 58 30	11 56 36	3 25	2 07	1 14	30
22	0 58 29	11 53 02	2 22	2 07	1 14	30
23	0 58 27	11 51 33	1 11	2 06	1 14	30
24	0 58 25	11 52 49	0 05	2 04	1 14	30
25	0 58 24	11 57 36	1 22	2 03	1 14	31
26	0 58 22	12 06 35	2 35	2 01	1 14	31
27	0 58 20	12 20 18	3 43	1 59	1 14	31
28	0 58 19	12 39 00	4 42	1 56	1 14	31
29	0 58 17	13 02 26	5 31	1 54	1 14	31
30	0 58 16	13 29 44	6 08	1 51	1 14	31

MAY

D	☉	☽	☽Dec.	☿	♀	♂
1	0 58 14	13 59 06	6 30	1 48	1 14	31
2	0 58 13	14 27 50	6 33	1 44	1 14	31
3	0 58 11	14 52 31	6 12	1 41	1 14	31
4	0 58 10	15 09 34	5 21	1 37	1 14	32
5	0 58 08	15 16 18	3 59	1 34	1 14	32
6	0 58 06	15 11 45	2 11	1 30	1 14	32
7	0 58 05	14 57 00	0 09	1 26	1 14	32
8	0 58 03	14 34 50	1 46	1 22	1 14	32
9	0 58 01	14 08 44	3 22	1 18	1 14	32
10	0 57 59	13 41 56	4 32	1 14	1 14	32
11	0 57 57	13 16 53	5 16	1 10	1 14	32
12	0 57 55	12 55 03	5 40	1 05	1 14	32
13	0 57 53	12 37 05	5 48	1 01	1 14	32
14	0 57 52	12 22 58	5 44	0 57	1 14	33
15	0 57 50	12 12 21	5 28	0 52	1 14	33
16	0 57 48	12 04 36	5 02	0 48	1 14	33
17	0 57 47	11 59 09	4 24	0 43	1 14	33
18	0 57 45	11 55 27	3 36	0 39	1 14	33
19	0 57 44	11 53 11	2 36	0 34	1 14	33
20	0 57 43	11 52 17	1 28	0 29	1 14	33
21	0 57 41	11 52 55	0 13	0 25	1 14	33
22	0 57 40	11 55 30	1 04	0 20	1 14	33
23	0 57 39	12 00 39	2 18	0 15	1 14	33
24	0 57 38	12 09 01	3 25	0 10	1 14	33
25	0 57 37	12 21 15	4 22	0 05	1 14	33
26	0 57 36	12 37 49	5 10	0 01	1 14	33
27	0 57 35	12 58 51	5 47	0 04	1 14	34
28	0 57 34	13 23 54	6 11	0 08	1 14	34
29	0 57 33	13 51 46	6 21	0 12	1 14	34
30	0 57 32	14 20 15	6 12	0 16	1 14	34
31	0 57 32	14 46 17	5 38	0 20	1 14	34

JUNE

D	☉	☽	☽Dec.	☿	♀	♂
1	0 57 31	15 06 18	4 34	0 23	1 14	34
2	0 57 30	15 17 05	2 59	0 26	1 14	34
3	0 57 29	15 16 43	1 01	0 29	1 14	34
4	0 57 28	15 05 18	1 04	0 31	1 14	34
5	0 57 27	14 44 54	2 55	0 32	1 14	34
6	0 57 26	14 18 45	4 19	0 33	1 14	34
7	0 57 25	13 50 21	5 14	0 34	1 14	34
8	0 57 24	13 22 39	5 44	0 33	1 14	34
9	0 57 23	12 57 43	5 54	0 33	1 14	34
10	0 57 21	12 36 43	5 50	0 31	1 14	34
11	0 57 20	12 20 08	5 34	0 29	1 14	35
12	0 57 19	12 07 52	5 08	0 27	1 14	35
13	0 57 19	11 59 31	4 32	0 24	1 14	35
14	0 57 18	11 54 33	3 46	0 21	1 14	35
15	0 57 17	11 52 19	2 49	0 17	1 14	35
16	0 57 16	11 52 18	1 43	0 13	1 14	35
17	0 57 16	11 54 04	0 29	0 09	1 14	35
18	0 57 15	11 57 25	0 48	0 05	1 14	35
19	0 57 15	12 02 20	2 03	0 00	1 14	35
20	0 57 14	12 09 02	3 12	0 04	1 14	35
21	0 57 14	12 17 53	4 11	0 09	1 14	35
22	0 57 13	12 29 21	4 59	0 13	1 14	35
23	0 57 13	12 43 51	5 35	0 18	1 14	35
24	0 57 13	13 01 35	5 59	0 23	1 14	35
25	0 57 13	13 22 24	6 10	0 28	1 14	35
26	0 57 13	13 45 32	6 05	0 32	1 14	35
27	0 57 13	14 09 32	5 40	0 37	1 14	35
28	0 57 13	14 32 10	4 50	0 41	1 14	36
29	0 57 14	14 50 43	3 33	0 46	1 14	36
30	0 57 14	15 02 25	1 48	0 50	1 14	36

JULY

D	☉	☽	☽Dec.	☿	♀	♂
1	0 57 14	15 05 12	0 13	0 55	1 14	36
2	0 57 14	14 58 23	2 12	0 59	1 14	36
3	0 57 14	14 42 51	3 52	1 03	1 14	36
4	0 57 14	14 20 46	5 03	1 07	1 14	36
5	0 57 13	13 54 58	5 45	1 12	1 14	36
6	0 57 13	13 28 14	6 03	1 16	1 14	36
7	0 57 13	13 02 52	6 02	1 20	1 14	36
8	0 57 13	12 40 31	5 47	1 24	1 14	36
9	0 57 13	12 22 10	5 21	1 28	1 14	36
10	0 57 13	12 08 14	4 45	1 31	1 14	36
11	0 57 13	11 58 46	4 00	1 35	1 14	36
12	0 57 13	11 53 29	3 05	1 39	1 14	36
13	0 57 13	11 51 58	2 00	1 42	1 14	36
14	0 57 13	11 53 39	0 48	1 46	1 14	36
15	0 57 13	11 58 00	0 29	1 49	1 14	36
16	0 57 13	12 04 30	1 46	1 52	1 14	36
17	0 57 14	12 12 43	2 58	1 55	1 14	37
18	0 57 14	12 22 22	4 01	1 57	1 14	37
19	0 57 14	12 33 17	4 52	2 00	1 14	37
20	0 57 15	12 45 28	5 31	2 02	1 14	37
21	0 57 16	12 58 56	5 56	2 03	1 14	37
22	0 57 16	13 13 43	6 07	2 05	1 14	37
23	0 57 17	13 29 39	6 03	2 06	1 14	37
24	0 57 18	13 46 21	5 41	2 06	1 14	37
25	0 57 19	14 03 02	4 58	2 07	1 14	37
26	0 57 20	14 18 29	3 52	2 07	1 14	37
27	0 57 21	14 31 11	2 20	2 07	1 14	37
28	0 57 22	14 39 28	0 30	2 06	1 14	37
29	0 57 23	14 41 57	1 26	2 06	1 14	37
30	0 57 24	14 37 48	3 13	2 05	1 14	37
31	0 57 25	14 27 05	4 37	2 04	1 14	37

AUGUST

D	☉	☽	☽Dec.	☿	♀	♂
1	0 57 26	14 10 40	5 34	2 03	1 14	37
2	0 57 27	13 50 11	6 04	2 02	1 14	37
3	0 57 27	13 27 32	6 12	2 00	1 14	37
4	0 57 28	13 04 41	6 02	1 59	1 14	37
5	0 57 29	12 43 21	5 38	1 58	1 14	37
6	0 57 30	12 24 52	5 03	1 56	1 14	38
7	0 57 30	12 10 09	4 18	1 55	1 14	38
8	0 57 31	11 59 46	3 24	1 53	1 14	38
9	0 57 32	11 53 55	2 21	1 52	1 14	38
10	0 57 33	11 52 32	1 10	1 50	1 14	38
11	0 57 34	11 55 22	0 06	1 49	1 14	38
12	0 57 35	12 01 58	1 23	1 47	1 14	38
13	0 57 36	12 11 44	2 38	1 46	1 14	38
14	0 57 37	12 23 58	3 45	1 44	1 14	38
15	0 57 38	12 37 53	4 42	1 43	1 14	38
16	0 57 39	12 52 43	5 26	1 41	1 14	38
17	0 57 41	13 07 39	5 57	1 40	1 14	38
18	0 57 42	13 22 03	6 12	1 38	1 14	38
19	0 57 43	13 35 23	6 10	1 37	1 14	38
20	0 57 45	13 47 15	5 50	1 35	1 14	38
21	0 57 47	13 57 24	5 09	1 34	1 14	38
22	0 57 48	14 05 40	4 07	1 32	1 14	38
23	0 57 52	14 11 53	2 42	1 31	1 14	38
24	0 57 52	14 15 49	1 00	1 30	1 14	38
25	0 57 54	14 17 10	0 50	1 28	1 14	38
26	0 57 56	14 15 33	2 36	1 27	1 14	39
27	0 57 57	14 10 35	4 04	1 25	1 14	39
28	0 57 59	14 02 50	5 10	1 24	1 14	39
29	0 58 01	13 50 03	5 51	1 22	1 14	39
30	0 58 02	13 35 01	6 10	1 21	1 14	39
31	0 58 04	13 17 45	6 09	1 19	1 14	39

SEPTEMBER

D	☉	☽	☽Dec.	☿	♀	♂
1	0 58 05	12 59 24	5 52	1 18	1 14	39
2	0 58 07	12 41 13	5 21	1 16	1 14	39
3	0 58 09	12 24 31	4 39	1 14	1 14	39
4	0 58 10	12 10 26	3 46	1 12	1 14	39
5	0 58 12	11 59 55	2 44	1 10	1 14	39
6	0 58 13	11 53 39	1 34	1 08	1 14	39
7	0 58 15	11 52 06	0 20	1 06	1 14	39
8	0 58 16	11 55 23	0 57	1 04	1 13	39
9	0 58 18	12 03 26	2 12	1 02	1 13	39
10	0 58 19	12 15 52	3 21	0 59	1 13	39
11	0 58 21	12 31 59	4 22	0 57	1 13	39
12	0 58 22	12 50 46	5 13	0 54	1 13	39
13	0 58 24	13 10 52	5 50	0 51	1 13	39
14	0 58 26	13 30 44	6 13	0 48	1 13	39
15	0 58 28	13 48 42	6 19	0 44	1 13	39
16	0 58 30	14 03 16	6 05	0 40	1 13	40
17	0 58 32	14 13 22	5 28	0 36	1 13	40
18	0 58 34	14 18 38	4 28	0 32	1 13	40
19	0 58 36	14 19 18	3 04	0 27	1 13	40
20	0 58 38	14 16 12	1 23	0 22	1 13	40
21	0 58 41	14 10 25	0 25	0 17	1 13	40
22	0 58 43	14 02 55	2 09	0 11	1 13	40
23	0 58 45	13 54 27	3 38	0 05	1 13	40
24	0 58 47	13 45 21	4 46	0 01	1 13	40
25	0 58 49	13 35 37	5 32	0 08	1 13	40
26	0 58 52	13 25 01	5 58	0 15	1 13	40
27	0 58 54	13 13 22	6 05	0 23	1 13	40
28	0 58 56	13 00 35	5 55	0 30	1 13	40
29	0 58 58	12 46 55	5 31	0 38	1 13	40
30	0 59 00	12 32 56	4 54	0 45	1 13	40

OCTOBER

D	☉	☽	☽Dec.	☿	♀	♂
1	0 59 02	12 19 26	4 05	0 52	1 13	40
2	0 59 04	12 07 25	3 06	0 58	1 13	40
3	0 59 06	11 57 54	1 58	1 03	1 13	41
4	0 59 07	11 51 50	0 44	1 07	1 13	41
5	0 59 09	11 50 03	0 31	1 10	1 13	41
6	0 59 11	11 53 09	1 45	1 10	1 13	41
7	0 59 13	12 01 29	2 54	1 09	1 13	41
8	0 59 15	12 15 05	3 56	1 06	1 13	41
9	0 59 16	12 33 36	4 50	1 01	1 13	41
10	0 59 18	12 56 10	5 32	0 54	1 13	41
11	0 59 20	13 21 21	6 03	0 46	1 13	41
12	0 59 22	13 47 02	6 19	0 36	1 13	41
13	0 59 24	14 10 42	6 16	0 26	1 13	41
14	0 59 26	14 29 40	5 49	0 15	1 13	41
15	0 59 28	14 41 43	4 56	0 04	1 13	41
16	0 59 30	14 45 45	3 36	0 07	1 13	41
17	0 59 32	14 41 57	1 54	0 18	1 13	41
18	0 59 34	14 31 47	0 02	0 28	1 13	41
19	0 59 37	14 17 26	1 47	0 37	1 13	41
20	0 59 39	14 01 08	3 20	0 46	1 13	41
21	0 59 41	13 44 43	4 31	0 54	1 13	41
22	0 59 44	13 29 20	5 18	1 01	1 13	42
23	0 59 46	13 15 28	5 46	1 07	1 13	42
24	0 59 48	13 03 04	5 56	1 12	1 13	42
25	0 59 50	12 51 45	5 51	1 17	1 13	42
26	0 59 52	12 41 05	5 33	1 21	1 13	42
27	0 59 54	12 30 42	5 01	1 25	1 13	42
28	0 59 56	12 20 29	4 18	1 27	1 12	42
29	0 59 58	12 10 38	3 22	1 30	1 12	42
30	1 00 00	12 01 39	2 17	1 32	1 12	42
31	1 00 02	11 54 17	1 05	1 33	1 12	42

NOVEMBER

D	☉	☽	☽Dec.	☿	♀	♂
1	1 00 04	11 49 23	0 10	1 34	1 12	42
2	1 00 05	11 47 52	1 23	1 35	1 12	42
3	1 00 07	11 50 34	2 32	1 36	1 12	42
4	1 00 09	11 58 11	3 33	1 37	1 12	42
5	1 00 10	12 11 11	4 26	1 37	1 12	42
6	1 00 12	12 29 40	5 09	1 37	1 12	42
7	1 00 13	12 53 15	5 43	1 38	1 12	42
8	1 00 15	13 20 49	6 05	1 38	1 12	42
9	1 00 16	13 50 28	6 12	1 38	1 12	43
10	1 00 18	14 19 24	6 00	1 37	1 12	43
11	1 00 19	14 44 12	5 22	1 37	1 12	43
12	1 00 21	15 01 33	4 14	1 37	1 12	43
13	1 00 23	15 09 02	2 38	1 37	1 12	43
14	1 00 24	15 06 00	0 42	1 37	1 12	43
15	1 00 26	14 53 37	1 17	1 37	1 12	43
16	1 00 28	14 34 32	3 02	1 36	1 12	43
17	1 00 30	14 11 51	4 21	1 36	1 12	43
18	1 00 31	13 48 25	5 14	1 36	1 12	43
19	1 00 33	13 26 19	5 43	1 36	1 11	43
20	1 00 35	13 06 44	5 54	1 35	1 11	43
21	1 00 37	12 50 08	5 50	1 35	1 11	43
22	1 00 38	12 36 23	5 33	1 35	1 11	43
23	1 00 40	12 25 06	5 04	1 35	1 11	43
24	1 00 42	12 15 42	4 25	1 35	1 11	43
25	1 00 43	12 07 46	3 34	1 35	1 11	43
26	1 00 45	12 00 57	2 32	1 34	1 11	43
27	1 00 46	11 55 15	1 22	1 34	1 11	43
28	1 00 47	11 50 51	0 08	1 34	1 11	44
29	1 00 49	11 48 15	1 06	1 34	1 11	44
30	1 00 50	11 48 03	2 15	1 34	1 11	44

DECEMBER

D	☉	☽	☽Dec.	☿	♀	♂
1	1 00 51	11 51 01	3 17	1 34	1 11	44
2	1 00 52	11 57 54	4 09	1 34	1 11	44
3	1 00 52	12 09 20	4 51	1 34	1 10	44
4	1 00 53	12 25 46	5 24	1 34	1 10	44
5	1 00 54	12 47 14	5 47	1 34	1 10	44
6	1 00 55	13 13 13	5 58	1 34	1 10	44
7	1 00 55	13 42 26	5 55	1 34	1 10	44
8	1 00 56	14 12 05	5 31	1 34	1 10	44
9	1 00 57	14 40 44	4 42	1 34	1 10	44
10	1 00 58	15 03 07	3 22	1 34	1 10	44
11	1 00 59	15 15 39	1 35	1 34	1 09	44
12	1 01 00	15 19 01	0 28	1 34	1 09	44
13	1 01 00	15 10 28	2 27	1 34	1 09	44
14	1 01 01	14 52 41	4 04	1 34	1 09	44
15	1 01 02	14 28 43	5 11	1 34	1 09	44
16	1 01 03	14 01 51	5 49	1 34	1 09	44
17	1 01 04	13 34 58	6 03	1 34	1 09	44
18	1 01 04	13 10 07	5 59	1 34	1 08	45
19	1 01 05	12 48 03	5 41	1 33	1 08	45
20	1 01 06	12 30 43	5 12	1 33	1 08	45
21	1 01 07	12 16 40	4 33	1 33	1 08	45
22	1 01 08	12 06 32	3 46	1 32	1 08	45
23	1 01 08	11 58 31	2 45	1 32	1 08	45
24	1 01 09	11 53 26	1 38	1 31	1 07	45
25	1 01 09	11 50 28	0 27	1 30	1 07	45
26	1 01 10	11 49 18	0 50	1 29	1 07	45
27	1 01 10	11 49 54	2 01	1 28	1 07	45
28	1 01 10	11 52 23	3 05	1 26	1 07	45
29	1 01 10	11 57 03	3 59	1 24	1 06	45
30	1 01 10	12 04 20	4 42	1 22	1 06	45
31	1 01 10	12 14 45	5 15	1 19	1 06	45

JANUARY

1 Tu	02 11	☽□☿	B
	05 53	☽△♆	G
	12 14	☽∠♄	b
	22 09	☽∥♆	D
	23 52	☽⚹♇	G
2 We	00 33	☽△♂	G
	01 32	☽♏	
	02 21	☽⚼♅	b
	05 48	☿⚺♆	
	07 51	☽⚺♀	g
	08 16	☽⚹♃	G
	09 16	☽∥♇	D
	12 43	♀⚺♃	
	18 31	☽⚹♄	G
	18 46	♃Q♅	
	19 05	☽∥♀	G
	21 23	♂☍♇	
3 Th	01 57	☽⚹☉	G
	06 04	☽⚼♂	b
	06 21	☽∠♇	b
	08 49	☽△♅	G
	15 15	☽∠♃	b
	18 45	☽□♆	B
	19 32	☽∥☉	G
	22 25	☽∥♃	G
4 Fr	00 30	☽⚹☿	G
	00 56	☽∥☿	G
	02 45	☿⚼♄	
	11 07	☽∠☉	b
	12 45	☽⚺♇	g
	14 13	☽♐	
	22 05	☽⚺♃	g
5 Sa	03 20	☽☌♀	G
	04 26	☿∥♃	
	06 53	☽□♄	B
	09 08	☉⊥♆	
	11 07	☽#♂	B
	11 23	☽∠☿	b
	19 54	☽⚺☉	g
	21 14	☽□♅	B
6 Su	06 55	☽⚹♆	G
	12 19	☉⚹♅	
	13 39	♀□♄	
	16 53	♀Q♆	
	21 32	☿∇♂	
	21 35	☽☍♂	B
	21 35	☽⚺☿	g
7 Mo	00 27	☽☌♇	D
	01 43	☽♑	
	10 26	☽☌♃	G
	12 20	☽∠♆	b
	12 32	☉∥☿	
	17 42	☽△♄	G
	19 39	☿⚺♇	
	19 54	☽#♂	B
	20 50	☽⚺♀	g
8 Tu	04 46	☿♒	
	07 54	☽⚹♅	G
	11 37	☽☌☉	D
	13 57	☿∠♅	
	17 14	☽⚺♆	g
	22 21	☽⚼♄	b
9 We	04 33	☽∠♀	b
	06 52	☽∥♃	G
	10 10	☽⚺♇	g
	11 13	☽♒	
	12 27	☽∠♅	b
	12 55	☿±♄	
	13 44	☽∥☉	G
	15 38	☽●☿	G
	17 28	☽∥☿	G
	20 40	☽⚺♃	g
	23 04	☽∥♀	G
10 Th	00 47	☿±♂	
	09 24	☽⚼♂	b
	11 35	☽⚹♀	G
	14 15	☽∠♇	b
	16 30	☽⚺♅	g
	16 40	☽∥♇	D
11 Fr	00 43	☽⚺☉	g
	01 00	☽∠♃	b
	01 31	☽☌♆	D
	03 11	☽∥♆	D
	07 45	☿∥♀	
	11 06	☉⚺♆	
	12 29	☽△♂	G
	13 39	☿⚺♃	
	15 07	☿⊥♇	
	17 52	☽⚹♇	G
	18 44	☽♓	
	23 33	☽#♄	B
12 Sa	04 49	☽⚹♃	G
	06 21	☽∠☉	b
	06 35	☽⚺☿	g
	09 19	☽☍♄	B
	11 55	♃∠♆	
	14 52	☽∥♅	B
	17 23	♀□♅	
	23 12	☽☌♅	B
	23 46	☽□♀	B
13 Su	05 17	☿∇♄	
	05 42	☉⊥♀	
	07 53	☽⚺♆	g
	11 24	☽⚹☉	G
	12 57	☽∠☿	b
	17 24	☽□♂	B
	19 34	☉⚼♄	
	22 14	♂Q♄	
	23 41	☽□♇	B
14 Mo	00 23	☽♈	
	09 42	☿⊥♅	
	10 22	☽∠♆	b
	11 01	☽□♃	B
	13 26	☉∥♀	
	14 29	☽#♅	B
	18 34	☽⚹☿	G
15 Tu	00 06	☿⚼♂	
	04 02	☽⚺♅	g
	05 37	☽∥♄	B
	09 29	☽△♀	G
	12 24	☽⚹♆	G
	16 07	☽⚼♄	b
	19 46	☽□☉	B
	20 41	☽⚹♂	G
16 We	00 20	☽#♆	D
	03 33	☿⊥♃	
	03 39	☽△♇	G
	04 13	☽♉	
	05 46	☽∠♅	b
	06 29	☉∇♂	
	10 18	☽#♇	D
	13 29	☽⚼♀	b
	14 32	☽#☿	G
	15 19	☽△♃	G
	17 30	☽△♄	G
	19 35	♀⚹♆	
	21 45	☽∠♂	b
17 Th	03 40	☽□☿	B
	03 56	☽#☉	G
	05 01	☽⚼♇	b
	07 07	☽⚹♅	G
	08 28	☽#♀	G
	15 13	☽□♆	B
	16 21	☽#♃	G
	16 52	☽⚼♃	b
	17 56	☿∠♇	
	22 30	☽⚺♂	g
18 Fr	02 05	☽△☉	G
	06 30	☽♊	
	06 45	☿∥♇	
	16 49	☿⚺♅	
	19 20	☽□♄	B
	21 47	☽∥♂	B
19 Sa	04 47	☽⚼☉	b
	09 02	☽□♅	B
	10 34	☽△☿	G
	17 01	☽△♆	G
	23 13	☽☍♀	B
	23 35	☽●♂	B
20 Su	03 10	♀☍♂	
	07 46	☽☍♇	B
	08 05	☽♋	
	12 29	☉⚺♇	
	13 40	☽⚼☿	b
	16 43	☉♒	
	17 54	☽⚼♆	b
	20 31	☽☍♃	B
	20 45	☽⚹♄	G
21 Mo	01 35	☽∥♂	B
	08 39	☉±♂	
	09 14	♃△♄	
	10 56	☽△♅	G
	19 59	☉∠♅	
	21 46	☽∠♄	b
22 Tu	01 09	☽⚺♂	g
	05 39	☉±♄	
	07 10	☽#♃	G
	10 20	☽♌	
	12 09	☽#♀	G
	12 21	☽⚼♅	b
	12 59	☿∥♆	
	13 35	☽☍☉	B
	23 14	☽⚺♄	g
23 We	01 15	☿☌♆	
	01 51	☽#☉	G
	02 36	☽∠♂	b
	10 15	☽⚼♀	b
	12 03	☽⚼♇	b
	13 30	☽#♇	D
	22 49	☽☍♆	B
24 Th	00 09	☽#♆	D
	00 13	☽☍☿	B
	02 40	☽⚼♃	b
	03 41	☽#☿	G
	04 44	☽⚹♂	G
	06 58	♀☌♇	
	08 06	♀♑	
	14 43	☽△♇	G
	14 48	☽♍	
	15 29	☽△♀	G
	18 18	☽∥♄	B
25 Fr	04 13	☽☌♄	B
	06 11	☽△♃	G
	11 50	☽#♅	B
	20 44	☽☍♅	B
26 Sa	02 37	♇♑	
	04 43	☽⚼☉	b
	11 32	☽□♂	B
	14 42	☉⊥♇	
	22 35	☽♎	
	22 38	☽□♇	B
27 Su	05 25	☽□♀	B
	10 29	☽⚼♆	b
	11 56	☽△☉	G
	12 35	☽⚺♄	g
	13 00	☽∥♅	B
	15 30	☽⚼☿	b
	15 58	☽□♃	B
	19 20	☉∇♄	
	22 44	♀Q♅	
28 Mo	08 28	☽#♄	B
	15 41	☽∥☿	G
	16 02	☽△♆	G
	17 56	☽∠♄	b
	20 31	☿ Stat	
	21 21	☽△☿	G
	21 48	☽△♂	G
29 Tu	04 00	☽∥♆	D
	09 35	☽♏	
	09 47	☽⚹♇	G
	09 53	♀∠♆	
	12 37	☽⚼♅	b
	15 16	☉⚼♂	
	16 30	☽∥♇	D
	20 35	☽∥☉	G
	23 32	☽⚹♀	G
	23 50	☽⚹♄	G
30 We	00 52	☉⚺♃	
	02 19	♀△♄	
	03 51	☽⚼♂	b
	04 46	☽⚹♃	G
	05 03	☽□☉	B
	16 06	☽∠♇	b
	19 00	☽△♅	G
	22 34	♂ Stat	
	23 30	☽∥♀	G
31 Th	02 42	☉⊥♅	
	03 23	☽∥♃	G
	03 40	☿∠♀	
	04 34	☽□♆	B
	08 35	☽□☿	B
	09 21	☽∠♀	b
	11 39	☽∠♃	b
	22 08	☽♐	
	22 30	☽⚺♇	g

FEBRUARY

1 Fr	11 33	♀☌♃	
	12 04	☽□♄	B
	13 05	☽#♂	B
	15 00	☉∥♇	
	18 24	☽⚺♃	g
	19 03	☽⚺♀	g
	23 11	☽⚹☉	G
2 Sa	07 37	☽□♅	B
	16 57	☽⚹♆	G
	17 31	☽⚹☿	G
	22 21	☽☍♂	B
3 Su	00 56	☿☌♆	
	07 36	☽∠☉	b
	09 52	☽♑	
	10 21	☽☌♇	D
	20 48	☽∠☿	b
	22 25	☽∠♆	b
	22 59	☽△♄	G
4 Mo	06 26	☽☌♃	G
	09 36	☽#♂	B
	12 30	☽☌♀	G
	14 16	☿⊥♀	
	15 12	☽⚺☉	g
	17 49	☉∠♇	
	18 20	☽⚹♅	G
	23 18	☽⚺☿	g
5 Tu	03 12	☽⚺♆	g
	03 31	☽⚼♄	b
	17 04	☽∥♃	G
	19 10	☽♒	
	19 45	☽⚺♇	g
	22 14	☽∥♀	G
	22 40	☽∠♅	b
	22 47	♀⊥♆	
6 We	07 57	☉⚺♅	
	11 56	☉⊥♃	
	12 26	☽⚼♂	b
	15 40	☽⚺♃	g
	18 19	☉☌☿	
	21 57	☿⊥♃	
	23 25	☽∠♇	b
7 Th	00 10	☽∥♇	D
	02 14	☿⚺♅	
	02 17	☽⚺♀	g
	02 18	☽☌☿	G
	02 18	☽⚺♅	g
	02 18	☿⚺♀	
	02 23	♀⚹♅	
	03 44	☽●●	D
	07 56	☽∥☉	G
	10 41	☽☌♆	D
	11 49	☽∥♆	D
	15 50	☽△♂	G
	19 14	☽∠♃	b
	20 27	♂Q♄	
	20 33	☽∥☿	G
8 Fr	01 46	☽♓	
	02 27	☽⚹♇	G
	03 33	☽#♄	B
	07 55	☽∠♀	b
	09 09	☿∠♇	
	13 08	☽☍♄	B
	22 13	☽⚹♃	G
	23 11	☽∥♅	B
9 Sa	03 21	☽⚺☿	g
	07 50	☽☌♅	B
	12 52	☽⚹♀	G
	13 15	☽⚺☉	g
	15 51	☽⚺♆	g
	21 05	☽□♂	B
10 Su	03 28	☽∠☿	b
	04 44	☉∥♆	
	06 17	☽♈	
	07 03	☽□♇	B
	10 49	☉⚺♀	
	14 19	♀⚼♄	
	17 12	☽∠☉	b
	17 50	☽∠♆	b
	18 00	☽#♅	B
	23 14	♀⚺♆	
11 Mo	02 03	☉☌♆	
	02 56	☽□♃	B
	03 28	☽⚹☿	G
	09 45	☿⚺♃	
	11 44	☽⚺♅	g
	13 37	☽∥♄	B

	18 33	☽⚏h	b		22 48	☉⚹♄					**MARCH**			20 19	☉σ♅		Mo	03 15	☽⊼♃	G
	19 32	☽⚹♆		20	01 19	☉⚼♃				23 42	☽⚼♅	B		21 13	☽⚼☉	G		05 40	☿∠♃	
	20 50	☽⚹☉	G	We	03 02	☽⚼♀		1	03 31	☽⚹♆	G		23 42	☽⚼♅	B		07 15	☽⚼h	g
	21 25	☽⚏♀			09 50	☽σ°♀	B	Sa	07 13	☿⚏σ		9	02 48	☽∠☿	b		08 26	☽⚏♅	
12	00 27	☉∥☿			10 46	☽⚼♆	D		08 32	♀∠♃		Su	03 18	☽∠♆	b		09 16	☽⚼σ	g
Tu	01 00	☽⚹σ	G		17 53	☽⚹σ	G		12 44	♀∠♇			07 59	☽σ♀			09 47	☿σ°h	
	01 37	☽⚼☉	G		22 11	☽⚏♀	b		16 54	☽σ°σ	B		08 52	☿σ♆			16 29	☽⚼h	
	01 45	☽⚼☿	G	21	00 06	☽♍			17 26	☽∠♀	b		15 18	☿⊥♃	G		18 53	☽⚼☉	b
	04 02	☽⚼♆	D	Th	00 18	☽∥h	B		18 33	☽♓			18 52	☽⚏♃	B	18	05 33	☽⚼♆	D
	08 16	☿⊥♅			01 22	☽△♇	G		20 18	☽σ♇	D		21 33	☽⚏♅	g	Tu	05 58	☽⚼♇	B
	09 34	☽♉			01 57	☽⚼☉	G		21 08	☽∠♀	b		22 04	☽⚏h	B		10 41	☿△σ	
	10 24	☽△♇	G		03 30	☽•☉	B	2	01 59	☿∥♀			23 19	☽⚏☉	g		11 37	☿△σ	
	13 20	☽∠♅	b		09 56	☽σh	B	Su	03 39	☽△h	G	10	00 07	☽∥h	B		13 11	☽∠σ	b
	15 14	☽⚼♇	D		23 22	☽⚼♅	B		09 15	☽∠♆	B	Mo	04 15	☽⚼♆	D		18 38	☽σ°♅	B
	19 52	☽△h	G	22	00 23	♀▽h			19 12	☽∥♃	G		06 01	☽⚹♇	G		19 05	☽⚼♆	D
13	02 42	☽∠σ	b	Fr	02 01	☽△♃	G		23 02	☽⚼σ	B		06 59	☽⚼♀	B		15 11	☽∥h	B
We	03 28	☽⚏♀	B		08 43	☽σ°♅	B	3	01 13	☽⚼♅	g		09 42	☽⚼♀	D	We	07 03	☉⊥♆	
	06 39	☽△♃	G		14 58	☽⚏♀	b	Mo	01 43	☽σ♃	G		11 09	☽⚹♀	G		07 25	☽♍	
	09 57	☽⚼♀	G	23	02 15	☽⚏σ	B		02 46	☉⚼♇			11 53	☽⚼♃	G		07 45	☽⚼☿	G
	11 51	☽⚏♇	b	Sa	03 18	♀⊥♇			05 37	☽⚏♀	g		16 14	☽♉			09 26	☽△♇	G
	14 50	☽⚹♅	B		07 45	☽△			06 15	☽∠♃	b		17 54	☽△♇	G		13 33	☽σh	B
	15 36	☿σ°σ			09 09	☽∥♃	B		06 16	☽⚼♅	G		19 47	☽⚼σ	G		13 59	☽⚏♃	B
	15 39	☿∥♆			17 42	☽⚏h	g		08 34	☽⚏h	b		21 44	☽⚼♇	D		14 11	☽⚼♀	G
	19 13	☽⚼♃	G		19 35	☽∥♅	B		08 46	☽⚏♃	g		22 26	☽∠♃	b		17 38	☽⚼σ	G
	19 29	♀▽σ			21 30	☽⚼♀	b		12 30	♀⚏♃			22 43	☽△h	G		20 29	☽σ°☿	B
	22 30	☽⚼♀	G		22 31	☽△♀	G		14 17	☽⚼♃	g	11	01 55	☽⚼☉	B		23 31	☽σ°♀	B
14	03 33	☽⚼☉	B	24	02 10	☽△♀	G	4	02 19	☽∠☉	b	Tu	18 21	☽⚏♇	b	20	05 48	☉Υ	
Th	04 21	☽⚏☉	g	Su	02 12	☽♒		Tu	04 24	☽≈			20 59	☽△♃	G	Th	09 32	☽⚼♅	B
	05 05	☽△♀	G		09 48	☉σ°h			05 26	☽∥♃	b		21 12	☽∠σ	b		18 20	☽△♃	G
	08 22	☽⚏♀	b		11 50	☽⚏♃	G		06 08	☽⚏♀	g		22 31	☽⚼♃	G		19 28	☽σ°♅	B
	12 19	☽♑			12 58	☽∥☉	G		10 01	σ⚹			23 20	☽⚹♅	B		23 58	☉⚏♃	G
	16 39	☉△σ			20 50	☽⚼h	B		10 44	☽⚏♅	b	12	05 03	☽∠♃	b	21	03 52	☽∥☉	G
	22 20	☽⚏h	B		22 36	☽∠h	b	5	08 19	☽⚏☉	g	We	05 58	☽⚼♆	B	Fr	07 01	☽⚼☉	G
	22 39	☽∥σ	B		23 50	☽⚏♇	B	We	09 38	☽σ°♃	D		12 27	☽⚏♀	B		08 38	☉σ°♇	
15	04 02	☽△♀	G	25	02 46	☽△♆	G		09 46	☽∠♇	b		17 26	☽⚏♀	B		15 45	☽△	
Fr	08 52	☽⚏♀	b	Mo	10 54	☽∥♆	D		10 32	☽∠♃	g		17 54	☽♓			17 53	☽⚏♇	B
	17 46	☽⚼♅	B		13 35	☽△σ	G		14 06	☽•☿	G		22 12	☽⚼♃	b		18 40	☽σ°☉	B
16	01 25	☽△♆	G		18 06	☽♍			14 19	☽⚏♃	g		22 47	☽⚏♇	g	22	01 16	☽∥♅	B
Sa	04 43	☽⚏♀	b		19 40	☽⚹♇	B		14 53	☽∥♀	G		22 51	♀♓		Sa	04 15	☽⚏σ	B
	07 48	☽σ°σ	B		22 44	☽∥♀	G		16 51	☿⚏♅		13	00 13	☽⚏h	B		07 25	☽⚏♆	B
	10 17	☽△☉	G	26	00 00	☽⚼♅	b		18 11	☽∥♀	G	Th	00 15	☽∥σ	B		15 39	☽∥♀	G
	15 12	☽♈		Tu	00 41	☽∥♇	B		19 10	☽⚹h	G		01 27	☉⚹♅			20 07	☽∥♀	G
	16 13	☽σ°♇	B		04 05	☽⚹h	B	6	01 01	☽⚹h	G	14	19 09	♀⚹♇		23	02 41	☽∠h	B
17	01 01	☽⚹h	G		05 34	☽∥♀		Th	03 04	☽σ♆	D	Fr	08 28	☽△♆	G	Su	06 01	☽⚼h	B
Su	03 04	☽⚼♀	b		18 16	☽△☉	G		05 37	☽⚏♀	B		08 49	☉⚼h			08 01	☽▽h	
	10 54	♀⊥h			16 17	☽⚼♀	B		09 19	☽⚼h	B		10 46	☽⚏☉	B		12 41	☽△♀	G
	13 55	☽⚏☉	G		16 22	☽⚼♀	B	Th	10 53	☽♈			20 23	☽△☿	G		17 48	☽∥♆	D
	13 57	☽σ°♃	B	27	00 13	☽⚏☿	G		12 04	☽△σ	G		20 37	☽♍			19 02	♀⚏♇	
	14 11	☽∥σ		We	01 44	☽∠♇	B		12 34	☽⚹♃	G		21 24	σ⚹h			22 54	☽⚏♇	b
	14 21	☉∠♃	G		06 13	☽△♃	G		13 36	☽∠♃	b		22 46	♀♓			23 23	☽⚏♀	B
	16 22	♀≈		28	08 17	☽∥♃	G		18 21	☽σ°h	B	15	01 04	☽△♀	G	24	02 06	☽♍	
18	02 39	☽△h	b	Th	10 25	♀⊥♅		7	00 02	♀σ♆		Sa	02 52	☽⚹h	B	Mo	04 20	☽⚹♇	B
Mo	04 39	☽⚏♇			14 53	☽⚏♅	B	Fr	01 57	☽⚏♅	B		03 03	☽σσ	B		08 03	☽⚏h	B
	12 01	☽⚏σ	g	Th	22 49	☽△♃	G		03 24	☽⚼♆			07 52	♀∠♃			08 49	☽∥♀	D
	18 17	☽⚼♃	B	28	02 00	☽♍			09 12	σσ°♇			10 18	☽∠σ	b		11 05	☽⚏♃	b
	18 51	☽♑		Th	06 58	☽♍			10 14	☽∥☉	G		17 10	☿⚹♇			13 29	σσ°♀	
	21 28	☽σ°♀	B		08 04	☽∥♃	b		10 50	☽⚹♀	G		20 16	☿σ°h			17 07	☽△σ	G
	23 21	☽⚏♅	b		15 56	♀⚏σ			15 54	☽⚏σ	B	16	00 13	☽∥σ	B	25	08 39	☽△♀	G
19	02 58	☽Stat		Fr	16 06	☽⚏h	g		17 14	☽σ☉	D	Su	01 30	☽⚏♀	b	Tu	09 21	☽△♀	G
Tu	04 37	☽⚏h	g		16 36	☽⚼☉			19 04	☽σ♅	B		03 58	☽σ°♇	b		10 15	☽∠♃	B
	06 50	☉⚹♅		29	02 18	☽⚼☉	B	8	02 02	☽⚼♆	g		04 50	☽∠h	b		13 27	☽∥♃	G
	09 26	☽σ°☿	B	Fr	05 43	☽⚼♀	G	Sa	04 27	☽⚹σ	g		05 44	☽⚏♀	B		16 45	☽⚏♃	G
	09 35	☽⚼♀	G		09 05	☽∥♇			11 27	♀∥♆			05 44	☽⚼♅	G		17 13	☽△h	G
	12 51	♀⊥σ			11 48	☽⚏♃			14 23	☽Υ			08 21	♀△σ			19 02	☽⚏☉	G
	14 41	☽∠σ	b		13 40	☽⚏♃	B		16 02	☽⚏♇	B		18 58	☽△☉	G	26	00 17	☽⚏♀	b
	19 18	♀∠♅			19 01	☽⚏♃			16 45	☽⚏σ	B	17	01 04	☽Ω		We	00 36	☽⚏♆	B
	22 25	☽⚏♇	b																
	22 40	☽⚼♇	D																

Date	Time	Aspect	Code
	09:48	♂⚼♆	
	14:11	☽♐	
	16:29	☽⚺♇	g
	17:40	☽#♂	B
	19:57	☽□♄	B
	23:21	☽∠♃	b
27 Th	04:04	☽△☉	G
	18:56	☿✱♃	
	20:07	☿☌♅	
28 Fr	04:13	☽□♀	B
	05:59	☽⚺♃	g
	06:05	☽□♅	B
	07:40	☽□☿	B
	13:21	☽✱♆	G
	15:57	☉∠♆	
	22:54	♀✱♃	
	22:58	♀☌♅	
29 Sa	00:16	♃✱♅	
	01:07	☉±♄	
	02:43	☽♑	
	05:00	☽☌♇	D
	08:08	☽△♄	G
	11:05	☿‖♀	
	19:25	☽∠♆	b
	21:47	☽□☉	B
	22:14	☽☍♂	B
	23:54	☿⚺♆	
30 Su	01:18	☿‖♅	
	07:21	☉□♂	
	08:22	♀‖♅	
	13:40	☽⚼♄	b
	15:08	☽#♂	B
	18:02	☽✱♅	G
	18:15	☽☌♃	G
	19:49	☉#☿	
	22:37	☽✱♀	G
31 Mo	00:54	☽⚺♆	g
	04:37	☉#♀	
	04:54	☽✱☿	G
	13:34	☽♒	
	15:45	☽⚺♇	g
	16:55	☽‖♃	G
	22:04	♀⚺♆	
	22:57	☽∠♅	b
APRIL			
1 Tu	03:16	☉#♅	
	06:20	☽∠♀	b
	12:28	☽✱☉	G
	13:53	☽∠☿	b
	19:06	☽‖♇	D
	19:52	☽∠♇	b
2 We	02:55	☽⚺♅	g
	03:22	☽⚺♃	g
	09:13	☽‖♆	D
	09:14	☽☌♆	D
	09:23	♇ Stat	
	10:51	☿⊥♆	
	12:45	☽⚺♀	g
	14:33	☽⚼♂	b
	16:20	☽#♄	B
	17:45	☿♈	
	18:01	☽∠☉	b
	20:55	☽♓	
	21:25	☽⚺☿	g
	22:58	☽✱♇	G
3 Th	01:16	☽☍♄	B
	06:25	☽∠♃	b
	08:54	☿□♇	
	17:52	☽△♂	G
	18:30	☽#☉	G
	22:19	☽⚺☉	g
	22:30	☽‖♅	B
4 Fr	01:21	☿⊽♄	
	02:04	☿Q♃	
	06:51	☽‖♀	G
	07:52	☽☌♅	B
	08:29	☽✱♃	G
	13:15	☽‖☿	G
	13:38	☽⚺♆	g
	16:47	☽#☿	G
	21:43	☽☌♀	G
	22:24	☽#♀	G
5 Sa	00:27	☽♈	
	02:22	☽□♇	B
	07:33	☽#♅	B
	08:25	☽☌☿	G
	13:57	☽‖☉	G
	14:36	☽∠♆	b
	21:16	♀⊥♆	
	21:46	☽□♂	B
6 Su	03:55	☽☌☉	D
	04:51	☽⚼♄	b
	05:35	♀♈	
	09:36	☽⚺♅	g
	10:21	☽□♃	B
	12:06	☽‖♄	B
	15:01	☽✱♆	G
	15:42	☿#♀	
	17:22	☉⚼♄	
	18:09	☽#♆	D
7 Mo	01:20	☽♉	
	03:06	☽⚺♀	g
	03:10	☽△♇	G
	03:48	♀□♇	
	04:08	☿±♄	
	04:57	☽△♄	G
	06:47	☽#♇	D
	08:29	☿∠♆	
	09:48	☽∠♅	b
	16:06	☽⚺☿	g
	23:37	☽✱♂	G
8 Tu	00:50	♀⊽♄	
	03:11	☽⚼♇	b
	04:56	☽#♃	G
	05:17	☽∠♀	b
	07:31	☽⚺☉	g
	09:54	☽✱♅	G
	10:48	☽△♃	G
	14:01	♀Q♃	
	15:13	☽□♆	B
	19:44	☽∠☿	b
	23:14	☽‖♂	B
9 We	00:28	☽∠♂	b
	01:27	☽♊	
	04:58	☽□♄	B
	07:36	☽✱♀	G
	09:22	☽∠☉	b
	11:07	☽⚼♃	b
	21:54	☉⚺♅	
	23:48	☽✱☿	G
10 Th	01:39	☽⚺♂	g
	10:48	☽□♅	B
	11:41	☽✱☉	G
	12:00	☿#♅	
	14:11	☉□♃	
	16:11	☽△♆	G
	17:13	☿□♂	
11 Fr	02:43	☽♋	
	04:37	☽☍♇	B
	06:14	☽✱♄	G
	13:51	☽□♀	B
	15:41	☿⚼♄	
	17:28	☽⚼♆	b
12 Sa	05:51	☽●♂	B
	07:47	☽∠♄	b
	10:36	☽□☿	B
	13:52	☽△♅	G
	15:05	☽☍♃	B
	15:41	☽‖♂	B
	17:58	♀±♄	
	18:32	☽□☉	B
13 Su	06:29	☽♌	
	07:30	☉✱♆	
	07:47	♀∠♆	
	09:04	☿⚺♅	
	10:03	☽#♃	G
	10:04	☽⚺♄	g
	16:29	☽⚼♅	b
	17:49	☿□♃	
	23:36	☽△♀	G
14 Mo	10:18	♂∠♄	
	10:32	☽#♇	D
	11:28	☽⚼♇	b
	13:11	☽⚺♂	g
	22:09	☿✱♆	
15 Tu	01:08	☽#♆	D
	01:35	☽☍♆	B
	02:14	☽△☿	G
	04:56	☽△☉	G
	05:54	☽⚼♀	b
	07:18	☽‖♄	B
	13:07	☽♍	
	15:10	☽△♇	G
	16:45	☽☌♄	B
	17:38	☽‖☉	G
	18:01	☽∠♂	b
	20:58	☽‖☿	G
16 We	01:19	☽⚼♃	b
	03:06	♂±♆	
	07:24	☉☌☿	
	08:01	☿⊥♅	
	08:45	☉⊥♅	
	11:23	☽⚼☉	b
	11:49	☽⚼☿	b
	17:33	☽#♅	B
	19:47	☽‖♀	G
	23:32	☽✱♂	G
17 Th	04:25	☽☍♅	B
	05:59	☽△♃	G
	09:16	☉‖☿	
	21:07	☿♉	
	21:41	♀#♅	
	22:10	☽♎	
18 Fr	00:16	☽□♇	B
	01:48	☽⚺♄	g
	05:19	☽‖♅	B
	06:03	☽#♀	G
	09:22	☿△♇	
	15:24	☽⚼♆	b
	18:11	☿△♄	
19 Sa	05:25	☽☍♀	B
	07:01	☽∠♄	b
	10:39	☿‖♄	
	12:12	☽□♂	B
	12:17	☽#☉	G
	16:41	☽□♃	B
	16:51	☉♉	
	17:27	☽#♄	B
	18:52	☽#☿	G
	20:54	☽△♆	G
	21:06	♀⚼♄	
	23:46	☽‖♆	D
20 Su	09:00	☽♏	
	10:25	☽☍☉	B
	11:07	☽✱♇	G
	12:37	☽✱♄	G
	15:49	☽‖♇	D
	15:51	☿Q♆	
	16:19	☿∠♅	
	18:56	☉△♇	
	20:51	☽⚼♅	b
	21:48	☽☍☿	B
	22:51	☿#♆	
21 Mo	13:05	☉△♄	
	17:03	☽∠♇	b
	18:53	☽‖♃	G
	23:42	☿Q♂	
22 Tu	02:32	☽△♂	G
	03:00	☽△♅	G
	04:47	☽✱♃	G
	08:54	☽□♆	B
	09:59	☽#♂	B
	14:48	♂△♅	
	20:36	☉‖♄	
	21:07	☽♐	
	23:13	☽⚺♇	g
23 We	00:42	☽□♄	B
	07:33	♀⚺♅	
	09:36	☽⚼♀	b
	10:08	☽⚼♂	b
	11:12	☽∠♃	b
	18:07	♀□♂	
24 Th	01:35	♀□♃	
	13:00	☽⚼☉	b
	13:23	♂☍♃	
	15:51	☽□♅	B
	17:40	☽⚺♃	g
	19:10	☿#♇	
	19:28	☽△♀	G
	21:37	☽✱♆	G
25 Fr	09:47	☽♑	
	11:33	☿⚼♇	
	11:49	☽☌♇	D
	11:52	☽⚼☿	b
	13:16	☽△♄	G
	16:33	♀✱♆	
	20:33	☉Q♆	
	21:58	☽△☉	G
26 Sa	01:19	☉∠♅	
	03:53	☽∠♆	b
	18:29	☉#♆	
	19:17	☽⚼♄	b
	23:59	☽△☿	G
27 Su	04:15	☽✱♅	G
	06:01	☽☌♃	G
	08:36	☽☍♂	B
	09:44	☽⚺♆	g
	14:06	☽#♂	B
	14:18	☽□♀	B
	21:27	☽♒	
	23:22	☽⚺♇	g
28 Mo	01:08	☽‖♃	G
	02:36	☿✱♅	
	08:48	♀⊥♅	
	09:39	☽∠♅	b
	12:14	♂⊽♆	
	12:37	☽#☿	G
	13:41	☿△♃	
	14:12	☽□☉	B
29 Tu	02:50	☽‖♇	D
	04:07	☽∠♇	b
	13:10	☿□♆	
	14:01	☽#☉	G
	14:13	☽⚺♅	g
	15:50	☽⚺♃	g
	18:06	☽‖♆	D
	19:15	☽☌♆	D
	20:17	☽□☿	B
	22:19	☿✱♂	
	23:36	☽#♄	B
30 We	00:38	☿±♇	
	05:25	☽✱♀	G
	06:11	☽♓	
	07:55	☽✱♇	G
	09:15	☽☍♄	B
	09:37	☽#♀	G
	13:34	♀♉	
	19:17	☽∠♃	b
MAY			
1 Th	00:49	☽⚼♂	b
	02:07	☽✱☉	G
	07:48	♀△♇	
	09:45	☽‖♅	B
	10:57	☽∠♀	b
	16:16	♂⊥♄	
	18:36	☿#♃	
	20:14	☽☌♅	B
	21:41	☽✱♃	G
	22:20	♀△♄	
2 Fr	00:48	☽⚺♆	g
	03:57	☽△♂	G
	06:08	☽∠☉	b
	09:35	☽✱☿	G
	10:51	☽♈	
	12:24	☽□♇	B
	15:08	☽⚺♀	g
	15:53	☽#♅	B
	20:00	☿♊	
3 Sa	02:04	☽∠♆	b
	03:06	♄ Stat	
	08:45	☿⊽♇	
	08:59	☽⚺☉	g
	13:49	☽∠☿	b
	14:30	☽⚼♄	b
	18:39	☿‖♂	
	19:50	☿□♄	
	20:10	☽‖♀	G
	22:22	☽⚺♅	g
	23:19	☽‖♄	B
	23:39	☽□♃	B
4 Su	02:32	☽✱♆	G
	04:06	☽#♆	D
	07:16	☽□♂	B
	11:58	☽♉	
	13:23	☽△♇	G
	13:44	☽‖☉	G
	14:39	☽△♄	G
	16:56	☽⚺☿	g
	17:16	☽#♇	D
	20:21	☽☌♀	G
	22:24	☽∠♅	b
	23:36	☿Q♅	
5	12:18	☽☌☉	D

Mo	13 05	☽⚼♇	b			23 20	☽□☿	B	Fr	10 32	☽∠Ψ	b		**JUNE**			13 02	☽⚼Ψ	D
	13 07	♀Q♆		14		00 07	☽⊼♅	B		19 14	☽□♀	b					14 27	♂±♅	
	14 37	☽⚼♃	G	We	02 03	☽△♀		24	02 11	☽□h	b	1	02 13	☽△h	G	15 40	☽⚼Ψ	B
	17 36	♀∥h			03 20	☽∠♂	b	Sa	04 51	☽□☉	b	Su	03 15	☽⊦♇	D	18 28	♀⚹♂	
	18 31	☽∥♂	B		12 08	☽⚼♅	B		12 01	☽⊦♀	G		06 33	☿Qh		20 15	☽∥h	B
	22 06	☽⚹♅	G		12 56	☽△♃	G		12 03	☽♂♃	G		07 04	☽∠♀	b	9	02 01	☽♏	
	22 14	♀∠♅			15 50	☉□♀			12 26	☽⚹♅	G	Mo	02 15	☽△♇	G
	23 16	☽△♃	G		16 38	☽△☉	G		16 30	☽⚼Ψ	g		04 18	☉♂♀	
6	00 27	☉Q♇		15	03 26	♂±♃			22 52	♀♏			13 24	☽⚹♀	g	07 11	☽♂h	B
Tu	00 58	☽∥♀	G	Th	03 46	☽⚹		25	01 28	☉Q♅			16 56	☽⚹☉	g	12 44	☽□♃	B
	02 05	☽□Ψ	B		03 54	☉±♃		Su	03 35	♀∥♂			18 39	☽□♂	B	14 02	♂⚼♃	
	05 50	☉Q♂			05 08	☽□♇	B		03 52	☽≈			19 34	☽⊦♃		10	06 43	☽⊦♅	B
	08 22	☽⚹♅	G		07 18	☽⚼h	g		04 25	☽△♀	G		22 54	☽Q♇	b	Tu	06 59	☽□☉	B
	11 17	☽♏			08 33	☽∥♅	B		04 49	☽⚹♇	B	2	01 33	☽∥♀	G	10 18	☽⚹♂	g
	13 57	☽□h	B		09 36	☽⚹♂	G		05 28	☽∥♃	G	Mo	01 40	☽∥♀	G	15 04	☽□☉	B
	21 31	☽♂♀	G		10 10	☽□♀	b		08 21	♀♏♇			02 07	☽⊦♃	G	15 53	☽□♀	B
	22 52	☽□♃	B		21 48	☽□♀	B		09 48	☽⊦☉	G		02 34	☿∥♀		16 23	☽△♃	G
	23 45	☽⚹♀	g	16	00 21	☽∥☉	b		13 04	☽△☉	G		04 21	☽∥☉	G	19 42	☽♂♅	B
7	08 52	☽∠♂	g	Fr	12 49	☽∠h	b		16 37	☽Q♀	b		06 22	☽∠♀	g	20 46	♀⊽♃	
We	11 50	☽Q♃			14 12	☽△♀	G		17 06	☽⊦♀	G		08 42	☽△♃	G	11	00 24	♀Qh	
	14 09	☉⊦♅			22 41	☽⊦h	B		18 04	☽∠♅	b		10 10	☽⊦♅	B	We	07 17	☉⊽♃	
	14 48	☽⚹☉	g		23 36	☽□♃	B		18 37	☽⊦♂	B		13 03	☽□Ψ	B	09 55	☽△	
	21 37	☽□♅	B	17	00 47	♀⊦♃			21 02	☽♂♂	B		14 07	♀⊦♃		10 03	☽□♇	B
8	01 36	☽△♅	G	Sa	03 29	☽△♀	G	26	03 28	☽∥♃	B		17 00	☽♂♀		12 48	☽∥♅	B
Th	01 44	☽∠♀	g		04 50	☽∥♅	D	Mo	10 01	☽∠♇	b	3	02 02	☽□h	B	13 53	☉Qh	
	09 47	☽⚼♂	g		14 59	☽♏			15 48	☿Stat		Tu	08 10	☽Q♃	b	15 43	☽⚹h	g
	11 02	☽⊙			16 17	☽⚼♇	B		16 16	Ψ Stat			16 53	☽♂♀		15 45	☽∠♂	b
	12 22	☽♂♇	B		18 43	☽⚹h	G		17 10	♀Qh			19 23	☽♂♂	D	12	03 42	☽Q♃	b
	13 48	☽⚹h	G		21 29	☽∥♇	D		21 39	☽△♀	G		19 25	☽⚼♂	G	Th	07 38	♀⊦♅	
	15 11	♀⊦♆			22 02	☽□♀	G		22 20	☽∠♀	g	4	04 06	♂♂♀	G	14 27	☽△♀	G
	16 39	☽∠☉	b		23 17	☽∥♀	G		23 03	☽⚼♅	g	We	08 34	☉⚼☉		17 34	☿±♃	
9	02 02	☽Q♃	b		23 48	☽□♂	B	27	00 23	☽∥Ψ	D		09 20	☽□♅	B	21 12	☽∠h	b
Fr	02 44	☽⚹♀	g	18	05 03	☽Q♅	b	Tu	02 49	☽♂Ψ	D		12 08	☽△Ψ	G	23 03	☽⚹♂	G
	04 24	☽⚹♀	g	Su	11 23	♀⚼♅			06 50	☽⊦h	B		20 16	☽∠♂	b	13	01 24	☽⊦h	B
	12 09	☽⚼♃			12 37	☽⊦⊙	G		13 38	☽♏			21 16	☽⊙		Fr	02 07	☽□♃	B
	14 34	☽∠h	b		15 18	♀△♃	G		14 27	☽⚹♇	G		21 38	☽♂♇	B	05 24	☉□♅	B
	19 18	☽⚹☉	G		18 23	☽⊦♂	B		17 46	☽♂h	B	5	01 35	☽⚹h	g	06 09	☽△⊙	G
	20 20	♂⊦♅			22 19	☽∠♇	b		19 06	☉Q♃		Th	12 00	☽Q♃	b	08 37	☽△♀	G
	21 27	☽∥⊙	G	19	01 07	☽∥♃	B		20 16	☽□♀	B		20 43	☽∠♀	g	09 15	☽△♃	G
	23 03	☽△♅	B	Mo	09 48	♀Q♂		28	02 20	☽∠♃	B		21 15	☽⚹♀	g	10 04	☽∥Ψ	D
10	00 06	☽♂♃	B		11 18	☽△♅	G	We	02 57	☽□⊙	B		22 17	☽⚹♀	g	14 53	♀△Ψ	G
Sa	06 26	☽∠♀	b		11 35	☽⚼♃	G		10 58	♀Q♅		6	01 39	☽∠h	b	19 13	☽Q♀	b
	13 10	☽♏			13 59	☽♂⊙	B		18 27	☽⊦♃	B	Fr	02 21	☽∠♀	g	20 53	☽♏	
	13 50	☽♏♂	B		15 41	☽□Ψ	B	29	04 33	☽□☿	B		07 05	♂Q♃		20 54	☽⚹♂	G
	15 13	☽∥♂	B	20	01 49	☽⊦♀	B	Th	05 23	☽⚹♃	G		07 24	☽♂♃	B	22 20	☽⊦♀	D
	15 55	☽⊦♃	G	Tu	02 11	☽♂⊙	B		06 23	☽♂♅	B		07 25	♀±♃	B	14	02 43	☽∥h	B
	16 10	☽⚼h	g		03 18	☽♏			09 48	☽⚼Ψ	g		08 16	♀±♃		Sa	03 14	☽⊦h	B
11	00 59	☽Q♅	B		04 31	☽⚹♇	B		12 31	☽♏♀	b		08 16	☉⚹♂		05 13	♇⚼	
Su	06 56	♂⊽♇			06 28	♀□Ψ			19 52	☽♏			09 32	☽△♅	G	10 05	☽⊦♀	D
	10 44	☽∥⊙	G		07 00	☿Qh			20 32	☽⊦♇	B	7	17 05	☽∥⊙	G	12 06	☽Q♅	b
	11 06	☽⚹♀	G		07 14	☽□h	B		21 41	☉⊦♃	B		17 46	☽∥⊙	G	14 45	☽Q♀	b
	12 51	☽□♀	B		13 14	♀±♃			23 06	☽⊦♅	B		22 00	☽♏		18 04	☽Q♀	b
	13 18	♂⊦♃			15 09	☽△♀	G	30	07 14	☽⊦♃	G		22 02	☽⊦♃	G	21 02	☽△Ψ	G
	15 37	☽⊦♇	D		16 01	☉♏		Fr	09 33	♀Q♃			23 42	☽∠♀	b	15	02 58	☽∠♇	b
	16 54	☽⊦♇			17 48	☽∠♃	b		11 48	☽∠Ψ	b	7	00 47	☽∠⊙	b	Su	05 01	♂⊽♃	
12	00 22	☽∥♀	g	21	06 22	☽♏♀			12 08	☽⚹♇	G	Sa	02 17	☽∠♇		08 52	☽∥♃	G
Mo	03 47	☽□☉	B	We	06 29	☉∥♂			15 30	☽△♂	G		02 35	☽⚹h	g	13 45	☽⚹♃	G
	04 32	☽⊦♅	G		18 05	♃⊦♅	B		17 28	☽□h	b		07 52	☽∥♏	b	14 13	☽□♂	B
	06 31	☽⊦Ψ	D		21 02	☽♂♆	B	Sa	07 08	☽♂♃	B		10 39	☽Q♅	b	18 32	☽⊦♅	B
	08 09	☉♂Ψ	B		21 47	♂±♇			07 39	☽∥h	B		15 27	♂♂♀		18 42	☽⊦♀	G
	11 59	☽∥h	B		22 57	☽♏♀			08 34	☽□♃	B		21 03	♂♂♇		21 29	☽□Ψ	B
	17 29	☉△♃		22	00 02	☽⚹♀	g		09 48	☽⚼♅	g		21 04	☽∥♂	B	21 31	☽⊦♀	G
	18 48	☽♏		Th	00 04	☽□♅	B		10 49	☽∠♀	g		22 32	☽⊦♇	B	16	09 19	☽♏	
	20 11	☽△♇	G		04 19	☽⊦Ψ	B		12 54	☽⊦Ψ	G		23 48	☽Q♃	b	Mo	09 19	☽♏	
	21 51	☽⚹♀	g		15 55	☽♏			13 36	☽⊦♀	D	8	01 38	☽♏♂	B	16 06	☽♏	
	22 04	☽♂h	B		17 01	☽♂♀	D		14 59	☽∠♇	b	Su	02 58	☽⚹♇	B	19 49	☽∠♃	b
13	03 16	♂⊽h			18 25	☉□h			22 18	☽♏			03 48	☽⚹♀	G	17	11 54	☽♂♇	B
Tu	08 23	♀Q♇	b		20 00	☽△h	G		22 51	☽△♀	G		04 19	☉□⊙	G	We	05 57	☽△♀	G
	08 28	☽♏♃	b	23	00 08	♂♏♅			23 59	☉∥♀			10 21	☉∥♀					

	06 46	♀☍♇	
	07 02	☽□♅	B
	08 48	♀♋	
	10 02	☽✱♆	G
	17 30	☽☍☉	B
	21 37	☽☌♇	D
	21 52	☽♑	
	23 21	☽☍♀	B
19 Th	04 08	♂⚻♅	
	04 58	☽△♄	G
	13 37	☽⚼♂	b
	14 31	☿Stat	
	16 06	☽∠♆	b
20 Fr	11 06	☽⚼♄	b
	13 22	☽☌♃	G
	18 21	☽#♀	G
	19 02	☽✱♅	G
	19 42	☉☍♇	
	21 54	☽⊻♆	g
	22 02	☽#☉	G
	23 59	☉♋	
21 Sa	05 47	☽⚼☿	b
	07 24	☽∥♃	G
	09 12	☽⊻♇	g
	09 14	♀✱♄	
	09 33	☽♒	
	15 32	♂☍♆	
22 Su	00 32	☽∠♅	b
	07 38	☽#☿	G
	11 32	☽△☿	G
	13 07	☽∥♇	D
	14 24	☽∠♇	b
	18 03	☽⚼☉	b
	23 31	☽⊻♃	g
23 Mo	01 59	☽⚼♀	b
	02 21	☽#♂	B
	04 50	☿±♃	
	04 56	☽∥♆	D
	05 33	☽⊻♅	g
	08 14	☽☌♆	D
	10 16	☽☍♂	B
	14 45	☽#♄	B
	19 04	☽✱♇	G
	19 32	☽♓	
	21 33	♂±♃	
24 Tu	01 01	☽△☉	G
	02 57	☽☍♄	B
	03 47	☽∠♃	b
	09 28	☽△♀	G
	21 51	☽□☿	B
25 We	00 27	☽∥♅	B
	05 01	☉✱♄	
	07 20	☽✱♃	G
	10 04	☿Q♂	
	13 35	☽☌♅	B
	15 56	♂#♆	
	16 03	☽⊻♆	g
	17 01	♀⚼♆	
26 Th	02 16	☽□♇	B
	02 49	☽♈	
	04 56	☽#♅	B
	07 57	♃⚼♄	
	12 10	☽□☉	B
	18 46	☽∠♆	b
	21 21	☽□♀	B
27 Fr	00 02	♅Stat	
	00 26	☽⚼♂	b
	05 39	☽✱☿	G
	12 05	☽□♃	B

	12 05	☽∥♄	B
	12 30	☽⚼♄	b
	18 24	☽⊻♅	g
	19 34	☽∥♂	B
	20 40	☽✱♆	G
	21 32	☽#♆	D
28 Sa	03 18	☽△♂	G
	06 14	☽△♇	G
	06 50	☽♉	
	08 27	☽∠☿	b
	11 25	☽#♇	D
	14 02	☽△♄	G
	19 16	☽✱☉	G
	19 37	☽∠♅	b
	20 57	☽∥☿	G
	23 37	☿Q♂	
29 Su	04 58	☽✱♀	G
	07 05	☽⚼♇	b
	10 34	☽⊻☿	g
	12 57	♀∠♂	
	13 33	☽#♃	G
	13 47	☽△♃	G
	18 44	☽∥☉	G
	20 12	☽✱♅	G
	20 49	☽∥♀	G
	21 33	☽∠☉	b
	22 18	☽□♆	B
30 Mo	06 43	☽□♂	B
	07 32	☽∠♀	b
	08 03	☽♊	
	09 05	☉⚼♆	
	13 48	☽⚼♃	b
	15 14	☽□♄	B
	22 57	♂△♇	
	23 16	☽⊻☉	g
JULY			
1 Tu	09 38	☽⊻♀	g
	12 15	☿⚻♃	
	13 37	☽☌☿	G
	16 21	♂♍	
	20 11	☽□♅	B
	22 12	☽△♆	G
2 We	07 08	☽☍♇	B
	07 53	☽♋	
	08 31	☽✱♂	G
	15 19	☽✱♄	G
	22 05	☽⚼♆	b
	22 25	♀±♆	
3 Th	02 19	☽☌☉	D
	05 18	♀☍♃	
	09 31	☽∠♂	b
	13 03	☽☍♃	B
	13 50	☽☌♀	G
	15 33	☽∠♄	b
	17 00	☽⊻☿	g
	20 14	☽△♅	G
4 Fr	01 20	☽∥♀	G
	02 12	☽∥☉	G
	04 54	☽#♃	G
	08 15	☽♌	
	10 59	☽⊻♂	g
	12 10	♀∠♄	
	14 51	☽∥☿	G
	16 16	☽⊻♄	g
	19 37	☽∠☿	b
	20 53	☽⚼♅	b
5 Sa	06 56	☽⊻☉	g
	07 29	☽#♇	D

	08 20	☽⚼♇	b
	11 07	☿□♅	
	17 32	☿Q♄	
	20 18	☽⊻♀	g
	21 16	☽#♆	D
	23 20	☽✱☿	G
6 Su	00 22	☽☍♆	B
	07 08	☽∥♂	B
	08 12	☽∥♄	B
	08 39	☉∥♀	
	10 04	☽△♇	G
	10 34	♂⚼♃	
	10 35	☽∠☉	b
	10 46	☿△♆	
	11 04	☽♍	
	12 17	♃⊥♆	
	16 00	☽⚼♃	b
	16 18	☽☌♂	B
	18 32	♀△♅	
	19 58	☽☌♄	B
7 Mo	01 07	☽∠♀	b
	09 09	♀#♃	
	14 21	☽#♅	B
	15 23	☽✱☉	G
	16 00	♂∥♄	
	17 46	♀⚻♆	
	18 40	☽△♃	G
	22 02	☉#♃	
8 Tu	03 44	☽☍♅	B
	07 15	☽✱♀	G
	10 57	☽□☿	B
	16 21	☽□♇	B
	17 31	☽♎	
	19 37	☽∥♅	B
9 We	01 53	☽⊻♂	g
	03 30	☽⊻♄	g
	07 39	☉☍♃	
	10 10	☽⚼♆	b
	15 10	☉±♆	
	23 55	☿∥♀	
10 Th	01 30	☽#♂	B
	02 46	☽□♃	B
	03 34	☽#♄	B
	04 35	☽□☉	B
	08 15	☽∠♂	b
	08 40	☽∠♄	b
	09 50	☿☍♇	
	15 14	☽△♆	G
	16 49	☽∥♆	D
	18 11	♂☌♄	
	18 17	☉∥☿	
	20 17	☿♋	
	23 10	☽□♀	B
11 Fr	02 14	☽✱♇	G
	03 35	☽♏	
	04 39	☽△☿	G
	08 51	☽∥♇	D
	14 34	☽✱♄	G
	15 28	☽✱♂	G
	18 39	☽⚼♅	b
12 Sa	04 48	♀⚻♇	
	08 07	☽∠♇	b
	10 12	☽#♀	G
	10 58	♀⊥♄	
	13 20	☽#☉	G
	13 41	☽✱♃	G
	15 00	☉∠♄	
	15 20	☽⚼☿	b
	17 51	☽#☿	G

	18 10	☽∥♃	G
	18 39	♀♌	
	21 24	☽△☉	G
13 Su	00 45	☿#♃	
	00 47	☽△♅	G
	03 05	☽□♆	B
	14 20	☽⊻♇	g
	15 50	☽♐	
	18 17	☽△♀	G
	19 40	☽∠♃	b
	19 51	♀⊥♂	
14 Mo	03 31	☽□♄	B
	06 22	☽⚼☉	b
	07 09	☽□♂	B
	08 36	☿✱♄	
	15 03	☉△♅	
15 Tu	01 39	☽⊻♃	g
	04 06	☽⚼♀	b
	07 48	☉∠♂	
	13 19	☽□♅	B
	15 34	☽✱♆	G
	18 50	☉⚻♆	
	21 11	☿✱♂	
	22 27	☿⚼♆	
16 We	02 44	☽☌♇	D
	04 20	☽♑	
	16 24	☽△♄	G
	21 31	☽∠♆	b
	22 40	☽△♂	G
	23 47	♀±♇	
17 Th	01 48	☽☍☿	B
	13 01	☽☌♃	G
	18 53	♀⊻♄	
	22 23	☽⚼♄	b
18 Fr	00 57	☽✱♅	G
	03 07	☽⊻♆	g
	05 50	☽⚼♂	b
	07 03	☽#☿	G
	07 59	☽☍☉	B
	09 46	☽∥♃	G
	14 00	☽⊻♇	g
	15 40	☽♒	
	20 28	♀⚼♅	
	21 40	☽#☉	G
19 Sa	05 04	☽#♀	G
	06 09	☽∠♅	b
	07 14	☽☍♀	B
	18 18	☽∥♇	D
	18 58	☽∠♇	b
	19 54	☿☍♃	
	22 48	☽⊻♃	g
20 Su	09 26	☽∥♆	D
	10 51	☽⊻♅	g
	12 27	☿±♆	
	12 54	☽☌♆	D
	23 25	☽✱♇	G
21 Mo	00 20	☽#♄	B
	01 08	☽♓	
	02 58	☽∠♃	b
	09 10	☽⚼☿	b
	11 48	☉⚻♇	
	12 00	☽#♂	B
	13 25	☽☍♄	B
22 Tu	00 00	☽☍♂	B
	02 05	☿#♃	
	04 35	☽⚼☉	b
	05 03	☽∥♅	B
	06 35	☽✱♃	G
	10 55	☉♌	

	12 49	☿∠♄	
	18 06	☽△☿	G
	18 36	☽☌♅	B
	20 33	☽⊻♆	g
	21 10	☿△♅	
23 We	04 23	☽⚼♀	b
	05 41	☉⊥♄	
	06 39	☽□♇	B
	08 22	☽♈	
	09 23	☿⚻♆	
	10 02	☽△☉	G
	10 32	☽#♅	B
	12 09	♀⊻♂	
	23 29	☽∠♆	b
24 Th	00 33	☽∥♂	B
	04 27	♀⚼♇	
	09 52	☽△♀	G
	12 06	☽□♃	B
	13 26	☽∥♄	B
	23 16	☽⚼♄	b
	23 59	☽⊻♅	g
25 Fr	01 50	☽✱♆	G
	04 03	☽#♆	D
	08 39	♀⚻♃	
	09 11	☽□☿	B
	11 30	☽△♇	G
	12 14	☽⚼♂	b
	13 14	☽♉	
	17 46	☽#♇	D
	18 42	☽□☉	B
	19 00	☽∥♀	G
26 Sa	00 19	☿⚻♇	
	01 20	☽△♄	G
	01 27	♀±♅	
	01 48	☽∠♅	b
	04 24	☽∥☉	G
	11 48	☿♌	
	12 11	☿∠♂	
	12 33	♀#♇	
	13 05	☽⚼♇	b
	15 00	☽△♂	G
	15 21	☽△♃	G
	15 35	☽∥☿	G
	18 32	☽□♀	B
	22 04	♂△♃	
	23 11	☽#♃	G
27 Su	01 05	☿⊥♄	
	03 06	☽✱♅	G
	04 52	☽□♆	B
	15 24	☉±♇	
	15 55	☽♊	
	16 15	☽⚼♃	b
	20 44	☽✱☿	G
28 Mo	00 44	☽✱☉	G
	04 00	☽□♄	B
	19 02	☽□♂	B
	19 49	☿±♇	
29 Tu	00 50	☽✱♀	G
	01 34	☽∠☿	b
	03 06	☽∠☉	b
	04 33	☽□♅	B
	06 16	☽△♆	G
	15 25	☽☍♇	B
	17 12	☽♋	
	19 50	♀±♃	
	20 04	☉☌☿	
	22 12	☿⚼♅	
30 We	00 40	☉⚼♅	
	01 22	☿⊻♄	

	03 34	☽∠♀	b
	05 18	☽⚺☉	g
	05 29	☽⚹♄	G
	06 08	☽⚺☿	g
	06 43	☽⚼♆	b
	08 29	☉⚺♄	
	17 28	☽☍♃	B
	20 22	♀∇♅	
	22 13	☽⚹♂	G
31 Th	05 31	☽△♅	G
	06 15	☽∠♄	b
	06 22	☽⚺♀	g
	12 12	☽#♃	G
	16 29	♀☍♆	
	18 22	☽☊	
AUGUST			
1 Fr	00 03	☽∠♂	b
	06 17	☽⚼♅	b
	07 16	☽⚺♄	g
	09 40	☽∥☿	G
	10 13	☽•●	D
	14 06	☽∥☉	G
	14 47	☿⊥♂	
	15 52	☽•☿	G
	17 07	☽#♇	D
	17 28	☽⚼♇	b
2 Sa	02 21	☽⚺♂	g
	03 00	☿⚼♇	
	04 25	☽∥♀	G
	06 16	☽#♆	D
	09 18	☽☍♆	B
	11 27	☿∇♃	
	13 19	☽☌♀	G
	18 59	☽△♇	G
	20 10	☽⚼♃	b
	20 59	☽♍	
	22 25	☽∥♄	B
3 Su	05 30	♀#♆	
	05 58	☿±♅	
	10 58	☽☌♄	B
	17 30	☽⚺☉	g
	19 55	☽∥♂	B
	22 16	☽△♃	G
	22 48	☽#♅	B
4 Mo	02 22	☉#♇	
	02 23	☿#♇	
	02 23	☉∥☿	
	04 42	☽⚺☿	g
	09 13	☽☌♂	B
	12 02	☽☍♅	B
	22 36	☽∠☉	b
	23 47	☽⚺♀	g
5 Tu	00 16	☽□♇	B
	02 28	☽♎	
	04 53	♀△♇	
	05 08	☽∥♅	B
	06 35	☽#♂	B
	08 05	☿±♃	
	12 59	☽∠☿	b
	13 49	♀⚼♃	
	17 32	☽⚼♆	b
	17 52	☽⚺♄	g
	20 55	☉⚼♇	
	23 23	☿⚺♂	
6 We	04 20	♀♍	
	04 49	☽⚹☉	G
	05 00	☽□♃	B
	05 46	☿∇♅	

	06 33	☽#♄	B
	06 46	☽∠♀	b
	06 56	☉∇♃	
	14 54	♂#♅	
	18 19	☽#♀	G
	18 38	♂☍♅	
	18 40	☿☍♆	
	20 03	☽⚺♂	g
	22 00	☽△♆	G
	22 37	☽⚹☿	G
	22 41	☽∠♄	b
7 Th	01 35	☽∥♆	D
	06 11	☽#☿	G
	09 02	☽⚹♇	G
	11 26	☽♏	
	11 51	☽#☉	G
	14 54	☽⚹♀	G
	16 45	☽∥♇	D
8 Fr	01 10	☽⚼♅	b
	02 54	☽∠♂	b
	03 59	☉±♅	
	04 19	☽⚹♄	G
	09 27	♂∇♆	
	14 34	☽∠♇	b
	14 46	☿#♆	
	15 01	☽⚹♃	G
	20 20	☽□☉	B
9 Sa	04 09	☽∥♃	G
	06 59	☽△♅	G
	09 06	☽□♆	B
	10 28	☽⚹♂	G
	18 18	☿△♇	
	20 04	☿⚼♃	
	20 36	☽⚺♇	g
	20 53	☽∠♃	b
	21 02	☽□☿	B
	23 10	☽♐	
10 Su	09 39	☽□♀	B
	10 51	☿♍	
	17 08	☽□♄	B
	22 00	☉⊥♂	
11 Mo	02 58	☽⚺♃	g
	14 06	☽△☉	G
	19 21	☽□♅	B
	21 31	☽⚹♆	G
12 Tu	00 25	☉±♃	
	02 24	☽□♂	B
	09 04	☽☌♇	D
	11 42	☽♑	
	20 22	☽△☿	G
	22 52	☽⚼☉	b
13 We	03 31	☽∠♆	b
	04 57	☽△♀	G
	05 29	♀∥♄	
	06 04	☽△♄	G
	14 43	☽☌♃	G
	17 03	♀☌♄	
14 Th	05 20	☉∇♅	
	06 57	☽⚹♅	G
	07 05	☉#♆	
	07 05	☽⚼☿	b
	09 04	☽⚺♆	g
	11 57	☽⚼♄	b
	13 50	☽⚼♀	b
	14 35	☽∥♃	G
	17 09	☽△♂	G
	20 20	☽⚺♇	g
	22 56	☽♒	
	23 33	☿∥♄	

15 Fr	07 43	☉☍♆	
	11 57	☽∠♅	b
	19 59	☿☌♄	
	23 32	☽⚼♂	b
16 Sa	00 36	☽⚺♃	g
	00 50	☽∥♇	D
	01 06	☽∠♇	b
	15 12	☽∥♆	D
	16 20	☽⚺♅	g
	18 23	☽☌♆	D
	18 52	☽#☉	G
	21 16	☽•☍☉	B
17 Su	00 16	♀△♃	
	04 36	☽∠♃	b
	05 14	☽⚹♇	G
	06 15	♂□♇	
	07 46	☽♓	
	12 06	☽#♄	B
	12 25	♂±♆	
	20 21	☽#☿	G
	20 26	☽#♀	G
	22 15	☿∥♀	
18 Mo	01 23	☿△♃	
	01 46	☽☍♄	B
	08 01	☽⚹♃	G
	09 00	☽☍☿	B
	10 02	☽∥♅	B
	11 26	☽☍♀	B
	23 07	☽#♂	B
	23 13	☽☌♅	B
19 Tu	01 13	☽⚺♆	g
	04 16	☽∥♂	B
	10 03	♂♎	
	11 41	☽□♇	B
	14 10	☽♈	
	14 22	☽☍♂	B
	17 29	☽#♅	B
20 We	00 28	☽∥☿	G
	02 19	☽∥♀	G
	03 50	☽∠♆	b
	12 52	☽⚼☉	b
	13 15	☽□♃	B
	14 02	☽∥♄	B
	18 00	☉⚼♃	
21 Th	01 04	☽∥☉	G
	04 01	☽⚺♅	g
	05 59	☽⚹♆	G
	06 51	☉△♇	
	10 21	☽⚼♄	b
	10 28	☽#♆	D
	15 44	☿☌♀	
	16 11	☽△♇	G
	16 53	☽△☉	G
	18 38	☽♉	
	23 39	☽#♇	D
22 Fr	02 28	☽⚼♀	b
	02 45	☽⚼☿	b
	05 50	☽∠♅	b
	10 25	☿#♅	
	12 23	☽△♄	G
	16 52	☽△♃	G
	17 54	☽⚼♇	b
	18 02	☉♍	
23 Sa	00 14	☽⚼♂	b
	06 13	☿☍♅	
	06 32	☽△♀	G
	06 37	☽#♃	G
	07 22	☽⚹♅	G
	07 31	☽△☿	G

	09 19	☽□♆	B
	15 49	♀☍♅	
	18 16	☽⚼♃	b
	21 48	☽♊	
	23 50	☽□☉	B
24 Su	00 11	☿∇♆	
	02 52	☽△♂	G
	12 15	♀#♅	
	13 58	♀∇♆	
	15 42	☽□♄	B
25 Mo	09 52	☽□♅	B
	11 50	☽△♆	G
	13 56	☽□♀	B
	16 03	☽□☿	B
	21 52	☽☍♇	B
26 Tu	00 19	☽♋	
	05 58	☽⚹☉	G
	07 43	☽□♂	B
	09 41	☿#♂	
	12 59	☽⚼♆	b
	18 35	☽⚹♄	G
	21 47	☽☍♃	B
27 We	09 02	☽∠☉	b
	12 11	☽△♅	G
	18 57	☽#♃	G
	20 05	☽∠♄	b
	21 11	☽⚹♀	G
28 Th	00 13	☽⚹☿	G
	01 11	☿±♆	
	01 37	☿□♇	
	02 51	☽☊	
	12 17	☽⚺☉	g
	12 44	☽⚹♂	G
	13 31	☽⚼♅	b
	20 53	♀#♂	
	21 48	☽⚺♄	g
29 Fr	01 06	☽∠♀	b
	01 32	☽#♇	D
	01 52	☽⚼♇	b
	02 50	☿♎	
	04 34	☽∠☿	b
	07 24	☉⚺♂	
	08 50	♀±♆	
	09 51	♀□♇	
	14 24	☽#♆	D
	15 39	☽∠♂	b
	17 14	☽☍♆	B
30 Sa	02 15	☽⚼♃	b
	02 26	☿#♀	
	03 44	☽△♇	G
	04 54	☉∥♄	
	05 29	☽⚺♀	g
	06 18	☽♍	
	09 20	☽⚺☿	g
	12 49	☽∥♄	B
	13 15	☽∥☉	G
	14 41	♀♎	
	19 04	☽⚺♂	g
	19 58	☽☌☉	D
31 Su	00 25	♂⚼♆	
	02 21	☽☌♄	B
	04 31	☽△♃	G
	06 49	☽#♅	B
	13 03	☽#♂	B
	14 22	☽#☿	G
	19 44	☽☍♅	B
	21 51	☽∥♀	G

SEPTEMBER			
1 Mo	00 23	☽#♀	G
	09 02	☽□♇	B
	10 18	☽∥☿	G
	10 25	☽∥♂	B
	11 44	☽♎	
	12 14	☿∥♂	
	16 00	☽∥♅	B
	16 23	☽☌♀	G
	20 55	☽☌☿	G
2 Tu	01 18	☽⚼♆	b
	03 58	☽☌♂	B
	06 17	☽#☉	G
	06 28	☽⚺☉	g
	09 20	☽⚺♄	g
	10 17	☽#♄	B
	10 59	☽□♃	B
3 We	05 23	☽△♆	G
	11 38	☽∥♆	D
	13 07	☽∠☉	b
	13 59	☽∠♄	b
	17 09	☽⚹♇	G
	17 25	☿⚼♆	
	17 37	☿∥♅	
	20 02	☽♏	
4 Th	02 00	☉☌♄	
	02 09	☽∥♇	D
	07 10	☽⚺♀	g
	07 42	☽⚼♅	b
	12 07	☽⚺☿	g
	16 21	☽⚺♂	g
	17 41	☉△♃	
	19 25	☽⚹♄	G
	20 29	☽⚹♃	G
	20 43	☽⚹☉	G
	22 21	☽∠♇	b
5 Fr	13 08	☽△♅	G
	13 23	♀⚼♆	
	13 59	☽∥♃	G
	15 45	☽□♆	B
	16 02	☽∠♀	b
	20 59	☽∠☿	b
	23 46	☽∠♂	b
6 Sa	02 15	☽∠♃	b
	04 10	☽⚺♇	g
	07 11	☽♐	
	17 54	☉#☿	
7 Su	01 26	♂∥♅	
	01 35	☽⚹♀	G
	06 20	☽⚹☿	G
	07 42	☽⚹♂	G
	08 02	☽□♄	B
	08 27	☽⚺♃	g
	14 04	☽□☉	B
	14 52	♂⚺♄	
	21 05	♂□♃	
8 Mo	01 19	☽□♅	B
	02 47	☿⚺♄	
	04 03	☽⚹♆	G
	04 13	♃Stat	
	05 09	☿□♃	
	16 43	☽☌♇	D
	17 44	☿☌♂	
	19 45	☽♑	
	23 18	♃△♄	
9 Tu	03 13	♇Stat	
	10 13	☽∠♆	b
	14 58	☉#♂	

Day	Time	Aspect	
	20 12	♀□♃	
	20 54	☽☌♃	G
	20 59	☽□♀	B
	21 07	☽△♄	G
	22 31	♀⊻♄	
	23 38	☽□♂	B
10 We	00 40	☽□☿	B
	03 18	♀∥♅	
	07 42	☽△☉	G
	13 15	☽⚹♅	G
	14 58	☉#♀	
	15 59	☽⊻♆	g
	19 51	☿#♄	
	21 40	☽∥♃	G
11 Th	03 03	☽⚼♄	b
	04 24	☽⊻♇	g
	05 32	☉#♅	
	07 20	☽♒	
	15 36	☽⚼☉	b
	18 25	☽∠♅	b
12 Fr	02 06	♀☌♂	
	04 11	☿Q♇	
	07 29	☽⊻♃	g
	08 29	☽∥♇	D
	09 16	☽∠♇	b
	13 14	☽△♂	G
	13 47	☽△♀	G
	15 46	☽△☿	G
	22 27	☽∥♆	D
	22 48	☽⊻♅	g
13 Sa	01 28	☽☌♆	D
	01 54	♀Q♇	
	02 21	☉☍♅	
	05 34	♀∥♂	
	11 37	☽∠♃	b
	13 19	☽⚹♇	G
	16 04	☽♓	
	18 38	☽⚼♂	b
	19 16	☽∥☿	G
	20 34	☽⚼♀	b
	21 34	☽⚼☿	b
	22 31	♂Q♇	
14 Su	01 41	☽#♄	B
	08 18	☽∥♀	G
	09 20	☽∥♂	B
	12 54	☉⊼♆	
	14 56	☽⚹♃	G
	16 06	☽☍♄	B
	16 27	☽∥♅	B
	22 09	☽#☉	G
15 Mo	01 37	☿☌♀	
	05 09	☽☌♅	B
	07 44	☽⊻♆	g
	09 13	☽☍☉	B
	09 38	♀⊥♄	
	15 47	☿⊥♄	
	19 03	☽□♇	B
	19 41	☽∥☉	G
	21 39	☽♈	
16 Tu	02 38	☽#♅	B
	09 13	♀⊼♅	
	09 50	☽∠♆	b
	11 31	☽#♂	B
	14 47	☽#♀	G
	16 15	☽∥♄	B
	19 29	☽□♃	B
17 We	03 58	☽#☿	G
	05 46	☽☍♂	B
	07 41	♀#♄	

Day	Time	Aspect	
	08 02	☿⊼♅	
	08 52	☽⊻♅	g
	08 55	☽☍☿	B
	11 11	☽☍♀	B
	11 26	☽⚹♆	G
	13 58	♀△♆	
	18 13	☽#♆	D
	22 26	☽△♇	G
	22 41	☽⚼♄	b
18 Th	00 57	☽♉	
	06 49	☽#♇	D
	10 08	☽∠♅	b
	19 52	☽⚼☉	b
	21 40	♂⊥♄	
	22 19	☽△♃	G
	23 40	☽⚼♇	b
19 Fr	00 07	☽△♄	G
	11 14	☽⚹♅	G
	13 15	☽#♃	G
	13 49	☽□♆	B
	20 26	♂⊼♅	
	22 51	☽△☉	G
	23 31	☽⚼♃	b
20 Sa	03 17	☽♊	
	03 21	☿△♆	
	12 54	♂#♄	
	13 07	☽⚼♂	b
	13 18	☉±♆	
	15 16	☽⚼☿	b
	21 52	☽⚼♀	b
21 Su	02 52	☽□♄	B
	03 20	♀±♅	
	03 46	☉□♇	
	13 28	☽□♅	B
	15 35	☽△♂	G
	16 08	☽△♆	G
	17 05	☽△☿	G
22 Mo	01 33	☽△♀	G
	02 57	♂△♆	
	03 20	☽☍♇	B
	05 04	☽□☉	B
	05 49	☽♋	
	15 44	☉♎	
	17 32	☽⚼♆	b
	22 24	♀⚹♇	
23 Tu	03 46	☽☍♃	B
	06 12	☽⚹♄	G
	10 51	☿☌♂	
	14 20	♀∠♄	
	16 24	☽△♅	G
	20 50	☽□☿	B
	21 17	☽□♂	B
24 We	00 25	☽#♃	G
	02 59	♀♏	
	07 16	☿Stat	
	08 16	☽∠♄	b
	09 13	☽♌	
	09 50	☽□♀	B
	12 23	☽⚹☉	G
	18 16	☽⚼♅	b
	22 12	♀Q♃	
25 Th	07 29	☽#♇	D
	08 52	☽⚼♇	b
	10 38	☽⊻♄	g
	16 36	☽∠☉	b
	20 27	☽#♆	D
	23 24	☽☍♆	B
26 Fr	00 52	☽⚹☿	G
	04 19	☽⚹♂	G

Day	Time	Aspect	
	06 01	☽#☿	G
	06 06	☽#♀	G
	06 55	☿∥♀	
	10 25	☽⚼♃	b
	11 20	☽△♇	G
	13 52	☽♍	
	17 56	☽#♂	B
	19 44	☽⚹♀	G
	21 15	☽⊻☉	g
27 Sa	01 34	☽∥♄	B
	03 02	☽∠☿	b
	08 28	☽∠♂	b
	13 07	☽#♅	B
	13 22	☽△♃	G
	16 29	☽☌♄	B
	23 19	☽#☉	G
28 Su	01 27	☽∠♀	b
	01 58	☽☍♅	B
	05 20	☽⊻☿	g
	06 48	♀⚼♅	
	08 33	♂±♅	
	12 25	☿△♆	
	13 07	☽⊻♂	g
	16 50	☽∥☉	G
	17 31	☽□♇	B
	20 05	☽♎	
29 Mo	02 13	☽∥♅	B
	07 49	☽⊻♀	g
	08 12	☽☌☉	D
	08 37	☽⚼♆	b
	13 29	☉⚼♆	
	13 38	☽#♄	B
	17 00	☿⊥♄	
	20 44	☽□♃	B
30 Tu	00 13	☽⊻♄	g
	01 47	☽∥♂	B
	03 25	☉⊻♀	
	06 28	☽∥☿	G
	10 30	☽●☿	G
	12 43	☽△♆	G
	20 29	☽∥♀	G
	21 24	☽∥♆	D

OCTOBER

Day	Time	Aspect	
1 We	00 20	☽☌♂	B
	01 48	☽⚹♇	G
	04 26	☽♏	
	04 58	☽∠♄	b
	05 26	☿⊼♅	
	07 06	♀∥♆	
	11 46	☽∥♇	D
	13 58	☽⚼♅	b
	17 31	☿∥♂	
	22 00	☽⊻☉	g
	22 54	☽☌♀	G
2 Th	04 01	♂⚹♇	
	06 30	☽⚹♃	G
	06 52	☽∠♇	b
	10 22	☽⚹♄	G
	16 40	☽⊻☿	g
	19 11	☽△♅	G
	22 41	☽∥♃	G
	22 46	☽□♆	B
3 Fr	06 05	☽∠☉	b
	12 19	☽∠♃	b
	12 33	☽⊻♇	g
	14 27	☽⊻♂	g
	15 14	☽♐	
	20 07	☽∠☿	b

Day	Time	Aspect	
4 Sa	04 34	♂♏	
	13 00	☿Q♇	
	14 50	☽⚹☉	G
	17 12	☽⊻♀	g
	18 39	☽⊻♃	g
	22 23	☉∥♅	
	22 25	☽∠♂	b
	22 52	☽□♄	B
	23 45	☽⚹☿	G
5 Su	07 09	☽□♅	B
	07 43	♂∠♄	
	07 56	☿⊻♄	
	08 07	♀∠♇	
	08 22	♀⚹♃	
	10 56	☽⚹♆	G
6 Mo	01 09	☽☌♇	D
	03 04	☽∠♀	b
	03 48	☽♑	
	05 05	☿⊻♀	
	06 40	☽⚹♂	G
	16 52	☉□♃	
	17 18	☽∠♆	b
	20 53	☉☌☿	
	21 06	♂Q♃	
	23 46	☿□♃	
7 Tu	05 42	♀⚹♄	
	05 48	☿#♄	
	07 04	☽□☿	B
	07 50	☽☌♃	G
	09 04	☽□☉	B
	12 11	☽△♄	G
	12 51	☽⚹♀	G
	19 37	☽⚹♅	G
	23 27	☽⊻♆	g
8 We	05 10	♀∥♇	
	05 48	☽∥♃	G
	13 02	☉∥☿	
	13 32	☽⊻♇	g
	16 03	☽♒	
	18 08	☿⊥♀	
	18 21	☽⚼♄	b
	22 22	☽□♂	B
9 Th	01 15	☽∠♅	b
	03 18	☉⊻♄	
	13 22	☽∥♀	G
	13 32	☽△☿	G
	16 06	☽∥♇	D
	16 15	☉Q♇	
	18 50	☽∠♇	b
	19 30	☽⊻♃	g
10 Fr	01 17	☽△☉	G
	05 48	♀△♅	
	06 06	☽⊻♅	g
	06 08	☽□♀	B
	06 20	☽∥♆	D
	09 11	☿∥♅	
	09 50	☽☌♆	D
	14 29	☽∥♂	B
	16 06	☽⚼☿	b
	17 04	☉#♄	
	23 13	☽⚹♇	G
	23 53	♂⚼♅	
11 Sa	00 03	☽∠♃	b
	01 31	☽♓	
	07 44	☽⚼☉	b
	10 35	☽△♂	G
	14 22	☽∥☉	G
	15 53	☽#♄	B
	20 20	♀□♆	

Day	Time	Aspect	
12 Su	00 10	☽∥♅	B
	03 35	☽⚹♃	G
	04 41	☽∥☿	G
	07 36	☽☍♄	B
	12 51	☉⊼♅	
	12 54	☽☌♅	B
	14 57	☽⚼♂	b
	16 28	☽⊻♆	g
	18 27	☽△♀	G
	20 00	♀⊥♇	
13 Mo	04 20	☿∠♀	
	05 02	☽□♇	B
	06 58	☽#☿	G
	07 07	☽♈	
	13 30	☽#♅	B
	18 23	☽∠♆	b
	20 41	☽☍☿	B
	20 56	☽∥♄	B
	22 45	☽⚼♀	b
14 Tu	02 16	☽#☉	G
	07 52	☽□♃	B
	13 19	☉△♆	
	16 08	☽⊻♅	g
	19 35	☽⚹♆	G
	20 02	☽☍☉	B
15 We	00 47	☽#♂	B
	03 48	☽#♆	D
	07 36	☽△♇	G
	08 12	☿⊻♂	
	09 31	☽♉	
	12 41	☽⚼♄	b
	16 13	☽#♇	D
	16 51	☽∠♅	b
	20 06	☿Stat	
	22 38	☽☍♂	B
	23 31	☉⊥♄	
16 Th	06 03	☽#♀	G
	08 10	☽⚼♇	b
	09 41	☽△♃	G
	13 21	☽△♄	G
	17 15	☽⚹♅	G
	20 28	☽#♃	G
	20 41	☽□♆	B
	22 31	☽⚼☿	b
17 Fr	07 33	☽☍♀	B
	10 15	☽⚼♃	b
	10 25	☽♊	
	20 28	♀⊻♇	
	23 25	☽△☿	G
18 Sa	02 53	☽⚼☉	b
	02 54	♀Q♄	
	05 30	♂∥♆	
	09 41	☉±♅	
	14 37	☽□♄	B
	18 05	☽□♅	B
	18 31	♀♐	
	19 43	♀∠♃	
	21 38	☽△♆	G
19 Su	03 43	☽⚼♂	b
	05 21	☽△☉	G
	09 52	☽☍♇	B
	11 40	☽♋	
	22 34	☽⚼♆	b
20 Mo	03 00	☽□☿	B
	06 02	☽△♂	G
	13 20	☽☍♃	B
	16 51	☽⚼♀	b
	17 06	☽⚹♄	G
	20 12	☽△♅	G

21	05 54	☽⊼♃	G		18 12	☽∠♄	b		06 29	☽∥☉	G	14	02 29	☽⛝♃	b	23	02 41	☉∥☿
Tu	11 36	☽⛝♀	G		19 44	☽⛝♅	b		09 47	☉∠♇		Fr	02 41	☽⛝♀		Su	05 12	☿⛝♇
	11 55	☽□☉	B		20 07	☽∥♇	D		11 03	☽⛝♃	g	15	01 59	☽□♅	B		07 09	☉⚹
	14 35	☽♌			23 14	☽♂☉	D		13 27	☽⛝♅	g	Sa	03 40	☽□♄	B		08 36	☽⛝♀	B
	19 06	☽∠♄	b	29	13 09	☽⛝♀	g		13 41	☽∥♆	D		06 18	☽△♆	G		13 41	☽∠♀
	21 08	☽△♀	G	We	15 20	☽∠♇	b		18 23	☽♂♆	D		15 11	☉⊥♇			16 13	☽∠☉
	22 01	☽⛝♅	b		19 48	☿⛝♄			21 32	☽⛝♀			19 17	☽♂♇	B		23 24	☽∠♂
22	00 23	☉⚹♇			19 59	☽⚹♃	G		21 54	☽□♂	B		19 52	☽♋			23 26	☽⛝♄	g
We	09 16	♃⊥♆			22 17	☽♂♂	B	7	00 35	♂⊥♇			20 12	♂⚺♇		24	00 01	☽□♃
	10 04	☽⚹☿	G		23 45	☽⚹♄	B	Fr	02 01	☽⛝♃		16	01 26	☽⛝♀	B	Mo	01 35	☽△♀
	11 22	☽⛝♇	D	30	01 01	☽△♅	G		04 35	☽∥☿	G	Su	02 32	☽⛝♆			10 33	☉⛝♄
	12 30	☽□♂	B	Th	04 35	☽∥♃	G		06 13	♀⚺♂			06 23	☽⛝♆	b		10 36	☽∥♆	D
	15 04	☽⛝♇	b		05 41	☽⚹♀	g		06 14	☿∠♄			06 26	☿△♅			13 47	♂∠♃
	20 06	☽⛝♂	B		05 45	☽⛝♆	B		09 33	☽⚹♇	G		08 26	♂⚺			17 45	☽⚹♇	G
	21 40	☽⚹♄	g		06 11	☿△♆			10 43	☽♋			11 10	☽⛝☉	b		17 54	☽♐
23	00 44	☽⛝♆	D		15 47	☽∥♀	G		16 11	☽∠♃	b	14	14 24	☽⛝♀	G		21 53	♀⛝♄
Th	01 09	☉♍			21 03	☽⚹♇	g		20 27	☽△♀	G		16 00	☿⚹♃			23 02	☽⚹♀	g
	04 24	☽♂♆	B		22 41	☽♐		8	04 48	☽⛝♄	B		20 48	☽⛝♇			23 56	☽⚹♂	g
	13 55	☽⛝♅	G	31	02 05	☽∠♃	b	Sa	08 04	☽∥♅	B	17	00 28	☿⚹♄		25	01 13	☽⛝♅
	15 04	☽∠♀	b	Fr	03 51	♂∥♅			08 49	☿⛝♃		Mo	02 26	☽△♅	B	Tu	02 30	☽∥♆
	17 53	☽△♇	G		15 54	☽⚹♆	g		17 43	☽△☉	G		03 39	☽⛝♃	B		04 48	☽∠♄	b
	19 40	☽♍			15 59	☽∠♀			20 13	☽⛝♃			04 27	☽⚹♄			06 27	☽⚹♂
	20 55	☽⛝♃	b		19 17	♂∥♇			21 41	☽♂♄	B		04 56	☽∠♃	G		16 52	☉♂♀
	21 10	☽⛝♇	G		20 32	♂△♅			22 31	☽♂♋	B		12 16	☿∥♇			18 09	♀⊥♆
24	07 52	☽⛝♀	B			NOVEMBER		9	00 21	☽⚹♀	g		13 43	☽△☉	G		22 12	☽∥☉	G
Fr	11 40	☽∥♄	B					Su	03 47	☽⛝♀			14 12	☿∠♀			23 18	☽∠♇	b
	16 25	♂∠♇		1	07 36	☽♂♀	b		08 40	☽△♂	G		14 24	☽⛝♃	G	26	01 19	☽⚹♀
	17 24	☽⛝♅	B	Sa	07 38	☿⊥♄			10 41	☽⛝♀	B		21 07	☽♌		We	03 02	☽∥♀
	17 36	♀∥♃			08 38	☽⚹♃	g		16 28	☽⛝♇	B		23 04	☽△♂	G		04 22	☽∥♂
	21 01	☽⚹♀	g		12 14	☽⛝♄	B		17 26	☽♐			23 31	☽⛝♀			06 21	☽∥♃
	21 29	☽⛝♀	G		12 56	☽⛝♅	B		22 30	☽⛝☉	b	18	00 11	☽⛝♀	B		06 47	☽△♅
25	23 00	☽⛝♃	G		13 09	☽♂♂		10	00 22	☽⛝♅	B	Tu	02 43	♀∠♆			10 34	☽⛝♄
Sa	00 33	☽△♃	G		14 00	☽⚹♂	g	Mo	03 11	☽∥♄	B		03 31	☽⛝♅	b		11 50	☽⛝♃
	02 47	☽∠☉	b		15 25	☉∥♆			04 42	☽∠♀	b		05 45	☽∠♄	b		12 32	☽⛝♀
	04 26	☽♂♄	B		17 53	☽⛝♅	G		08 54	☉⛝♃			07 19	☽⛝☉	G		20 01	☿∥♂
	06 43	☽♂♅	B		19 05	☽⚹♃			12 09	☽⛝♀	b		07 29	♀⛝♃		27	01 03	♇♈
	07 11	☿⚹♀		2	01 01	☽∠☉	b		21 21	☉△♃			13 02	☽⛝♀	G	Th	03 46	☽∥♃
26	01 03	☽⛝♇	B	Su	02 57	☽⛝♇	B		21 00	☽⛝♃	B		15 38	☽⛝♇	D		05 14	☽♐
Su	02 34	☉∠♄			06 36	♆Stat		11	01 00	☽⛝♀	B		22 19	☽⛝♇	B		05 15	☽⚹♇	g
	02 48	☽♋			09 41	☽♂♇	D	Tu	01 40	☽⛝♅	g	19	05 27	☽⛝♀	D		06 25	☿∥♃
	02 51	☽∠♂	b		11 13	☽♑			06 04	☽⛝♆	G	We	07 48	☽⚹♅	g		09 22	☿∠♃
	07 02	☽∥☿	G	3	00 23	☽∠♀	b		12 25	☽△♃	G		08 41	☉⊥♇			10 28	☽∠♀	b
	09 00	☽⚹☿	g	Mo	08 41	♀⛝♄			14 18	☽⛝♆	G		09 20	♂♋♄			16 07	♅Stat
	10 11	☽∥♅	B		10 21	☽⛝☉	D		14 24	☿⛝♄			10 13	☽⛝♀			16 55	☽♂☉	D
	12 14	☿⛝♄			11 18	☽⛝♀			18 22	☽△♀	G		13 13	☽⛝♀	b		18 19	☽∠♃	b
	14 26	♀⛝♀			20 02	☽∥♀			19 18	☽△♇	G		14 49	☽⛝♇	B		19 31	☽♂♀	G
	14 57	☽⛝♀	b		22 22	☽♂♃			20 05	☽♌			15 08	♀⊥♂			21 56	☽♐
	15 43	☽⛝♄	B	4	01 40	☽△♄	B		21 13	☽∠♅	b		21 31	☽⛝☉	B		23 09	♂∥♃
	21 15	☽⛝♀	G	Tu	01 47	☽⛝♅	G	We	03 13	☽⛝♇	D	20	00 48	☽△♇	G	28	09 20	♀⛝♅
	21 26	☉⊥♀			03 27	☽∠♀	g		03 36	☽⛝♄	b	Th	01 13	☽♍		Fr	10 35	☽♑♃
27	03 29	♀⊥♃			05 31	☽⚹♅	g		03 54	☽∥♂	G		06 14	☽⛝♂	B		13 16	☉∠♃
Mo	04 51	☽⛝♅			06 47	☽⛝♂	G		05 55	♀⛝♅			10 25	☽⛝♀	b		18 57	☽⛝♅	B
	04 58	☽⛝♃			06 50	☽⛝♀	g		06 20	☿∥♆			18 45	☽△♀	G		20 01	☽⚹♀	g
	06 26	☿⛝♇			07 44	♂□♆			13 28	☽⛝♂	G		19 38	☽∥♄	B		23 07	☽⛝♄	b
	08 46	☽⚹♂	g		13 36	♄♂♃			15 25	♀♑			21 17	☽⛝♃	B	29	00 53	☽⛝♀	G
	09 17	☽⛝♃	B		14 34	☽∥♃			17 14	☽♂♇	D	21	11 20	☽♂♅	B	Sa	03 39	♂♂♃
	11 37	☽♂☿	G		16 00	☿♍			19 36	☽⛝♇	b	Fr	12 13	☽△♄			03 39	☿♂♆
	13 08	☽⚹♄	g		22 39	☽⚹♇	g		20 45	☽⛝♀	b		14 15	☽♂♄	B		10 37	☿⛝♀
	18 08	☿∥♅		5	00 11	☽⛝♇	g		22 24	☽△♃	G		14 17	☽△♃	G		17 48	☽♑
	19 24	☽△♆	B	We	01 17	☽□♇	B	13	02 16	☽⛝♅	G		18 34	☉♋♇			17 59	☽♂♇	D
	20 29	♂△♅			07 55	☽∠♅	b	Th	02 27	☽⛝♅	G		22 44	☉♐			18 52	☽⛝♃
	21 50	☽∥☉	G	6	04 03	☽⛝♀	B		03 50	☽△♄	G	22	05 06	☽⛝♀	G	30	04 36	☽△♄	b
28	01 58	☿⚹♄		Th	04 31	☽∠♇	b		04 03	☽⛝♃	B	Sa	08 02	☽⛝♇	B	Su	07 24	☽∠♀	b
Tu	04 53	☽∠♇	b		12 56	♀⛝♅			05 40	♃⛝☉	B		08 20	☽♋			11 21	☽⛝☉	g
	05 15	☽∥♆	D		12 57	☽∠♀	b		06 17	☽♂♆	B		09 09	☽⛝♅	B		14 43	☽⛝♀	g
	10 05	☽⛝♇	G		17 15	☽∥♂	B		06 42	☽□♆	B		09 38	☽⛝☉	B		17 36	☽⚹♂	g
	11 47	☽♍			22 31	☽∥♇			12 31	☉□♆			16 56	☽⛝♇	B		21 35	♀⚺♅
	16 11	☿▽♅		6	04 03	☽⛝☉	B		15 31	☽∠♇			17 12	☽⛝♄	b			
	16 47	☽∥♂	G	Th	04 31	☽∠♇	b		17 13	♂♂♂	B		20 47	☽⛝♆	b			

DECEMBER

Day	Time	Aspect	
1 Mo	07 55	☽✱♅	G
	08 37	☽∥♀	G
	08 45	♀☌♃	
	12 23	☽△♄	G
	12 31	☽∥☿	G
	12 55	☉Q♆	
	13 57	☽⊻♆	g
	15 09	☽☌♃	G
	15 44	☽●♀	G
	20 26	☽∥♂	B
	20 42	☽∠☉	b
	21 16	☉∥♃	
	23 12	☽∠♂	b
2 Tu	00 35	☽∥☉	G
	00 46	☽∥♃	G
	04 42	☽∠☿	b
	06 45	☽♒	
	07 07	☽⊻♇	g
	08 56	☿∥♀	
	14 19	☽∠♅	b
	18 51	☽⚼♄	b
3 We	03 36	☽∥♇	D
	05 45	☽✱☉	G
	07 22	☽✱♂	G
	13 19	☽∠♇	b
	15 21	☽✱☿	G
	20 04	☽∥♆	D
	20 19	☽⊻♅	g
	23 26	☿⊥♃	
4 Th	02 15	☽☌♆	D
	04 21	☽⊻♃	g
	10 17	☽⊻♀	g
	18 23	☽♓	
	18 54	☽✱♇	G
5 Fr	05 52	☿□♅	
	09 57	☽∠♃	b
	14 35	☽#♄	B
	15 09	☽∥♅	B
	18 10	☽∠♀	b
	21 26	☽□☉	B
	21 26	☽□♂	B
	22 04	☉☌♂	
	23 06	♀∥♂	
6 Sa	06 07	☽☌♅	B
	09 27	☽□☿	B
	10 36	☽☍♄	B
	11 44	☽⊻♆	g
	14 33	☽✱♃	G
	19 14	☿□♄	
7 Su	00 43	☽✱♀	G
	02 44	☽♈	
	03 22	☽□♇	B
	04 38	☿✱♆	
	05 29	☉∥♀	
	09 08	☽#♅	B
	09 35	☽∥♄	B
	14 57	☽∠♆	b
	23 37	♀♒	
8 Mo	06 52	☽△♂	G
	07 44	♀⊻♇	
	08 07	☽△☉	G
	09 35	☿⊻♃	
	11 52	☽⊻♅	g
	17 06	☽✱♆	G
	20 25	☽□♃	B
	21 35	☽△☿	G
	23 48	☽#♆	D
9 Tu	06 52	☽♉	
	07 35	☽△♇	G
	09 37	☽□♀	B
	09 44	☽⚼♂	b
	11 29	☽⚼☉	b
	12 54	♀∠♂	
	13 12	☽∠♅	b
	13 57	☽#♇	D
	16 10	☉⊥♃	
	17 22	☽⚼♄	b
10 We	01 32	☽⚼☿	b
	08 18	☽⚼♇	b
	08 26	☿⊥♀	
	10 09	☽#♃	G
	10 48	☽#♀	G
	12 03	☉□♅	
	13 42	☽✱♅	G
	17 48	☽△♄	G
	18 05	☽#☉	G
	18 38	☽□♆	B
	20 40	☽#♂	B
	21 40	♀∥♃	
	22 23	☽△♃	G
11 Th	06 28	♀∠♅	
	07 33	☽♊	
	12 12	☽#☿	G
	14 11	☽△♀	G
	16 47	♂⊥♃	
	22 28	☽⚼♃	b
12 Fr	06 50	♂□♅	
	10 13	☿♑	
	13 10	☽□♅	B
	13 29	☽☍♂	B
	15 39	☽⚼♀	b
	16 37	☽☍☉	B
	17 15	☽□♄	B
	18 01	☽△♆	G
	18 43	☿☌♇	
13 Sa	02 20	☉□♄	
	06 40	☽♋	
	07 34	☽☍♇	B
	09 00	☽☍☿	B
	13 23	♀⚼♄	
	14 05	☉✱♆	
	15 59	♀⊥♇	
	17 35	☽⚼♆	b
	23 56	☽#☿	G
14 Su	12 27	☽△♅	G
	14 43	☽#♂	B
	16 40	☽✱♄	G
	17 17	☽#☉	G
	22 27	☽☍♃	B
15 Mo	03 55	☽#♃	G
	06 22	☽♌	
	10 35	☽#♀	G
	12 41	☽⚼♅	b
	16 45	☽⚼♂	b
	17 02	☽∠♄	b
	21 21	☽☍♀	B
	21 36	☽⚼☉	b
	22 46	♂□♄	
	22 55	☽#♇	D
16 Tu	08 13	☽⚼♇	b
	13 14	☽#♆	D
	14 16	♂✱♆	
	18 08	☽⊻♄	g
	18 33	☽⚼☿	b
	18 55	☽☍♆	B
	19 09	☽△♂	G
	19 57	☿Q♅	
	21 53	☿∠♆	
	23 48	☉∠♀	
17 We	00 45	☽△☉	G
	03 56	☉⊻♃	
	08 36	☽♍	
	09 51	☽△♇	G
	23 49	☽△☿	G
18 Th	03 12	☽∥♄	B
	03 29	☽#♅	B
	03 31	☽⚼♃	b
	18 06	☽☍♅	B
	22 58	☽☌♄	B
19 Fr	03 08	☽□♂	B
	04 58	♀⊥♅	
	07 05	☽△♃	G
	10 29	☽□☉	B
	11 06	☽⚼♀	b
	14 23	☽♎	
	15 52	☽□♇	B
	20 22	☽∥♅	B
	20 41	☽#♄	B
20 Sa	03 39	☽⚼♆	b
	14 22	☽□☿	B
	18 02	☽△♀	G
21 Su	07 25	☽⊻♄	g
	08 19	☽△♆	G
	12 04	☉♑	
	14 36	☽∥♆	D
	14 46	♀±♄	
	15 21	☽✱♂	G
	16 57	☽□♃	B
	19 16	♀∠♇	
	23 36	☽♏	
22 Mo	00 39	☽✱☉	G
	01 21	☽✱♇	G
	07 27	☽⚼♅	b
	07 44	☽∥♇	D
	08 03	☽∥♀	G
	09 24	☉☌♇	
	11 40	♀∥♇	
	12 44	☽∠♄	b
	19 16	☿⊥♆	
	22 43	☽∠♂	b
23 Tu	04 37	☽∥♃	G
	04 41	♂⊻♃	
	07 04	☽∠♇	b
	09 00	☽∠☉	b
	09 19	☽✱☿	G
	10 39	☽□♀	B
	13 13	☽△♅	G
	18 35	☽✱♄	G
	19 33	☽□♆	B
	21 23	☽∥☉	G
24 We	02 54	☽∥♂	B
	05 30	☽✱♃	G
	05 36	☽∥☿	G
	06 39	☽⊻♂	g
	11 13	☽♐	
	13 12	☽⊻♇	g
	14 38	♀⊻♅	
	16 33	☿✱♅	
	17 52	☽⊻☉	g
	19 47	☽∠☿	b
	21 57	☿⊻♀	
25 Th	06 47	☿∥♂	
	12 20	☽∠♃	b
26 Fr	01 46	☽□♅	B
	05 22	☽✱♀	G
	06 32	☽⊻☿	g
	07 10	☽□♄	B
	08 14	☽✱♆	G
	11 38	☿△♄	
	19 20	☽⊻♃	g
	20 24	☿⊻♆	
	23 25	☽☌♂	B
	23 56	☽♑	
27 Sa	00 31	♀∇♄	
	02 07	☽☌♇	D
	07 30	♂♑	
	12 22	☽☌☉	D
	12 29	♀☌♆	
	14 46	☽∠♆	b
	14 59	☽∠♀	b
	23 08	☉∥☿	
28 Su	12 15	☉Q♅	
	12 36	☽∥♂	B
	14 46	☽✱♅	G
	16 47	☉∠♆	
	20 02	♂☌♇	
	20 04	☽△♄	G
	20 14	☽∥☉	G
	21 14	☽⊻♆	g
	22 29	☽∥☿	G
29 Mo	00 32	☽⊻♀	g
	03 53	☽●☿	G
	09 20	☽●♃	G
	12 42	☽♒	
	13 23	☽∥♃	G
	15 04	☽⊻♇	g
	16 17	☽⊻♂	g
	21 07	☽∠♅	b
30 Tu	02 19	☽⚼♄	b
	06 41	☽⊻☉	g
	08 31	☽∥♇	D
	16 47	♀∥♆	
	21 13	☽∠♇	b
31 We	00 19	☽∠♂	b
	02 21	☽∥♆	D
	03 10	☽⊻♅	g
	03 16	☽∥♀	G
	09 31	☽☌♆	D
	11 40	☿☌♃	
	15 16	☽∠☉	b
	18 06	♄ Stat	
	18 34	☽☌♀	G
	22 19	☽⊻♃	g
	23 21	☽⊻☿	g

Note: The Distances Apart are in Declination

JANUARY

2	21	23	♂ ☍ ♇	9	49
5	03	20	☽ ☌ ♀	6	53
6	21	35	☽ ☍ ♂	0	55
7	00	27	☽ ☌ ♇	10	41
7	10	26	☽ ☌ ♃	4	19
8	11	37	☽ ☌ ☉	3	20
9	15	38	☽ • ☿	0	16
11	01	31	☽ ☌ ♆	0	22
12	09	19	☽ ☍ ♄	2	26
12	23	12	☽ ☌ ♅	2	09
19	23	13	☽ ☍ ♀	5	58
19	23	35	☽ • ♂	1	07
20	03	10	♀ ☍ ♂	4	50
20	07	46	☽ ☍ ♇	10	42
20	20	31	☽ ☍ ♃	4	09
22	13	35	☽ ☍ ☉	2	14
23	01	15	☿ ☌ ♆	0	16
23	22	49	☽ ☍ ♆	0	19
24	00	13	☽ ☍ ☿	0	44
24	06	58	♀ ☌ ♇	5	10
25	04	13	☽ ☌ ♄	2	28
25	20	44	☽ ☍ ♅	2	14

FEBRUARY

1	11	33	♀ ☌ ♃	0	35
2	22	21	☽ ☍ ♂	1	23
3	00	56	☿ ☌ ♆	3	07
3	10	21	☽ ☌ ♇	10	43
4	06	26	☽ ☌ ♃	3	58
4	12	30	☽ ☌ ♀	4	12
6	18	19	☉ ☌ ☿	3	25
7	02	18	☽ ☌ ☿	4	24
7	03	44	☽ • ●	0	52
7	10	41	☽ ☌ ♆	0	15
8	13	08	☽ ☍ ♄	2	26
9	07	50	☽ ☌ ♅	2	18
11	02	03	☉ ☌ ♆	0	17
16	07	48	☽ ☌ ♂	1	35
16	16	13	☽ ☍ ♇	10	44
17	13	57	☽ ☍ ♃	3	47
18	21	28	☽ ☍ ♀	2	08
19	09	26	☽ ☍ ☿	3	50
20	09	50	☽ ☍ ♆	0	13
21	03	30	☽ • ☉	0	21
21	09	56	☽ ☌ ♄	2	22
22	08	43	☽ ☍ ♅	2	21
24	09	48	☉ ☍ ♄	1	43
26	17	52	☿ ☌ ♀	1	08

MARCH

1	16	54	☽ ☍ ♂	1	41
1	20	18	☽ ☌ ♇	10	44
3	01	43	☽ ☌ ♃	3	34
5	14	06	☽ • ☿	0	10
5	19	10	☽ • ♀	0	12
5	21	46	☽ ☌ ♆	0	10
6	18	21	☽ ☍ ♄	2	17
7	00	02	♀ ☌ ♆	0	32
7	09	12	♂ ☍ ♇	9	02
7	17	14	☽ ☌ ☉	1	38
7	19	04	☽ ☌ ♅	2	24
8	20	19	☉ ☌ ♅	0	41
9	08	52	☿ ☌ ♆	0	52
14	22	26	☽ ☍ ♇	10	42
15	03	03	☽ ☌ ♂	1	39
15	20	16	♀ ☍ ♄	0	39
16	03	58	☽ ☍ ♃	3	21
17	09	47	☿ ☍ ♄	0	08
18	18	38	☽ ☍ ♆	0	06
19	13	33	☽ ☌ ♄	2	13
19	20	29	☽ ☍ ☿	2	48
19	23	31	☽ ☍ ♀	2	06
20	19	28	☽ ☍ ♅	2	27
21	18	40	☽ ☍ ☉	2	40
24	13	29	☿ ☌ ♀	0	54
27	20	07	☿ ☌ ♅	1	28
28	22	58	♀ ☌ ♅	0	38
29	05	00	☽ ☌ ♇	10	38
29	22	14	☽ ☍ ♂	1	27
30	18	15	☽ ☌ ♃	3	06

APRIL

2	09	14	☽ ☌ ♆	0	00
3	01	16	☽ ☍ ♄	2	11
4	07	52	☽ ☌ ♅	2	33
4	21	43	☽ ☌ ♀	3	50
5	08	25	☽ ☌ ☿	4	43
6	03	55	☽ ☌ ☉	3	37
11	04	37	☽ ☍ ♇	10	34
12	05	51	☽ • ♂	1	10
12	15	05	☽ ☍ ♃	2	54
15	01	35	☽ ☍ ♆	0	06
15	16	45	☽ ☌ ♄	2	12
16	07	24	☉ ☌ ☿	0	36
17	04	25	☽ ☍ ♅	2	38
19	05	25	☽ ☍ ♀	4	56
20	10	25	☽ ☍ ☉	4	17
20	21	48	☽ ☍ ☿	4	21
24	13	23	♂ ☍ ♃	1	54
25	11	49	☽ ☌ ♇	10	28
27	06	01	☽ ☌ ♃	2	39
27	08	36	☽ ☍ ♂	0	42
29	19	15	☽ ☌ ♆	0	15
30	09	15	☽ ☍ ♄	2	16

MAY

1	20	14	☽ ☌ ♅	2	47
4	20	21	☽ ☌ ♀	5	35
5	12	18	☽ ☌ ☉	4	44
6	21	31	☽ ☌ ☿	2	27
8	12	22	☽ ☍ ♇	10	25
10	00	06	☽ ☍ ♃	2	31
10	13	50	☽ • ♂	0	14
12	08	09	☽ ☍ ♆	0	22
12	22	04	☽ ☌ ♄	2	21
14	12	08	☽ ☍ ♅	2	54
19	13	59	☽ ☍ ♀	5	32
20	02	11	☽ ☍ ☉	4	50
21	21	02	☽ ☍ ☿	2	54
22	17	01	☽ ☌ ♇	10	20
24	12	03	☽ ☌ ♃	2	23
25	21	02	☽ ☍ ♂	0	25
27	02	49	☽ ☌ ♆	0	32
27	17	46	☽ ☍ ♄	2	30
29	06	23	☽ ☌ ♅	3	05

JUNE

3	16	53	☽ ☌ ♀	4	50
3	19	23	☽ ☌ ☉	4	37
4	04	06	☽ ☌ ☿	6	22
4	21	38	☽ ☍ ♇	10	19
6	07	24	☽ ☍ ♃	2	21
7	15	27	☉ ☌ ☿	2	52
7	21	03	☿ ☌ ♀	2	55
8	01	38	☽ • ♂	0	58
8	15	40	☽ ☍ ♆	0	37
9	04	18	☉ ☌ ♀	0	03
9	07	11	☽ ☌ ♄	2	37
10	19	42	☽ ☍ ♅	3	11
17	11	54	☽ ☍ ☿	8	58
18	06	46	♀ ☍ ♇	6	48
18	17	30	☽ ☍ ☉	4	01
18	21	37	☽ ☌ ♇	10	18
18	23	21	☽ ☍ ♀	3	25
20	13	22	☽ ☌ ♃	2	22
20	19	42	☉ ☍ ♇	6	24
21	15	32	♂ ☍ ♆	0	51
23	08	14	☽ ☌ ♆	0	43
23	10	16	☽ ☍ ♂	1	38
24	02	57	☽ ☍ ♄	2	47
25	13	35	☽ ☌ ♅	3	19

JULY

1	13	37	☽ ☌ ☿	7	40
2	07	08	☽ ☍ ♇	10	18
3	02	19	☽ ☌ ☉	3	08
3	05	18	♀ ☍ ♃	0	45
3	13	03	☽ ☍ ♃	2	27
3	13	50	☽ ☌ ♀	1	40
6	00	22	☽ ☍ ♆	0	45
6	16	18	☽ ☌ ♂	2	11
6	19	58	☽ ☌ ♄	2	55
8	03	44	☽ ☍ ♅	3	23
9	07	39	☉ ☍ ♃	0	12
10	09	50	☿ ☍ ♇	4	57
10	18	11	♂ ☌ ♄	0	36
16	02	44	☽ ☌ ♇	10	19
17	01	48	☽ ☍ ☿	3	12
17	13	01	☽ ☌ ♃	2	34
18	07	59	☽ ☍ ☉	1	58
19	07	14	☽ ☍ ♀	0	21
19	19	54	☿ ☍ ♃	0	18
20	12	54	☽ ☌ ♆	0	45
21	13	25	☽ ☍ ♄	3	04
22	00	00	☽ ☍ ♂	2	48
22	18	36	☽ ☌ ♅	3	25
29	15	25	☽ ☍ ♇	10	18
29	20	04	☉ ☌ ☿	1	37
30	17	28	☽ ☍ ♃	2	40
31	16	29	♀ ☍ ♆	1	04

AUGUST

1	10	13	☽ • ●	0	48
1	15	52	☽ • ☿	1	12
2	09	18	☽ ☍ ♆	0	44
2	13	19	☽ ☌ ♀	2	00
3	10	58	☽ ☌ ♄	3	11
4	09	13	☽ ☌ ♂	3	18
4	12	02	☽ ☍ ♅	3	25
6	18	38	♂ ☍ ♅	0	02
6	18	40	☿ ☍ ♆	1	17
12	09	04	☽ ☌ ♇	10	16
13	14	43	☽ ☌ ♃	2	45
13	17	03	♀ ☌ ♄	0	12
15	07	43	☉ ☍ ♆	0	20
15	19	59	☿ ☌ ♄	0	35
16	18	23	☽ ☌ ♆	0	42
16	21	16	☽ • ☉	0	30
18	01	46	☽ ☍ ♄	3	19
18	09	00	☽ ☍ ☿	2	46
18	11	26	☽ ☍ ♀	3	27
18	23	13	☽ ☌ ♅	3	23
19	14	22	☽ ☍ ♂	3	47
21	15	44	☿ ☌ ♀	0	54
23	06	13	☿ ☍ ♅	0	37
23	15	49	♀ ☍ ♅	0	27
25	21	52	☽ ☍ ♇	10	12
26	21	47	☽ ☍ ♃	2	47
29	17	14	☽ ☍ ♆	0	40
30	19	58	☽ ☌ ☉	1	37
31	02	21	☽ ☌ ♄	3	26
31	19	44	☽ ☍ ♅	3	21

SEPTEMBER

1	16	23	☽ ☌ ♀	4	19
1	20	55	☽ ☌ ☿	2	22
2	03	58	☽ ☌ ♂	4	09
4	02	00	☉ ☌ ♄	1	33
8	16	43	☽ ☌ ♇	10	06
8	17	44	☿ ☌ ♂	2	26
9	20	54	☽ ☌ ♃	2	44
12	02	06	♀ ☌ ♂	0	17
13	01	28	☽ ☌ ♆	0	40
13	02	21	☉ ☍ ♅	0	45
14	16	06	☽ ☍ ♄	3	35
15	01	37	☿ ☌ ♀	3	22
15	05	09	☽ ☌ ♅	3	18
15	09	13	☽ ☍ ☉	2	43
17	05	46	☽ ☍ ♂	4	28
17	08	55	☽ ☍ ☿	1	10
17	11	11	☽ ☍ ♀	4	44
22	03	20	☽ ☍ ♇	9	57
23	03	46	☽ ☍ ♃	2	38
23	10	51	☿ ☌ ♂	3	46
25	23	24	☽ ☍ ♆	0	41
27	16	29	☽ ☌ ♄	3	44
28	01	58	☽ ☍ ♅	3	16
29	08	12	☽ ☌ ☉	3	33
30	10	30	☽ • ☿	0	58

OCTOBER

1	00	20	☽ ☌ ♂	4	40
1	22	54	☽ ☌ ♀	4	35
6	01	09	☽ ☌ ♇	9	46
6	20	53	☉ ☌ ☿	1	53
7	07	50	☽ ☌ ♃	2	26
10	09	50	☽ ☌ ♆	0	45
12	07	36	☽ ☍ ♄	3	56
12	12	54	☽ ☌ ♅	3	16
13	20	41	☽ ☍ ☿	3	53
14	20	02	☽ ☍ ☉	4	15
15	22	38	☽ ☍ ♂	4	45
17	07	33	☽ ☍ ♀	3	50
19	09	52	☽ ☍ ♇	9	35
20	13	20	☽ ☍ ♃	2	12
23	04	24	☽ ☍ ♆	0	49
25	04	26	☽ ☌ ♄	4	07
25	06	43	☽ ☍ ♅	3	18
27	11	37	☽ ☌ ☿	6	02
28	23	14	☽ ☌ ☉	4	39
29	22	17	☽ ☌ ♂	4	41

Note: The Distances Apart are in Declination

NOVEMBER				16	02 32	☽☍♀	0 57	1	15 09	☽☌♃	1 14	18	18 06	☽☍♅	3 41
				17	03 39	☽☍♃	1 36	1	15 44	☽ ● ♀	0 46	18	22 58	☽☌♄	4 59
1	07 36	☽☌♀	2 33	19	10 13	☽☍♆	1 05	4	02 15	☽☌♆	1 15	22	09 24	☉☌♇	5 42
2	09 41	☽☌♇	9 23	21	11 20	☽☍♅	3 28	5	22 04	☉☌♂	0 28	26	23 25	☽☌♂	2 40
3	22 22	☽☌♃	1 53	21	14 15	☽☌♄	4 34	6	06 07	☽☌♅	3 36	27	02 07	☽☌♇	8 56
4	13 36	♄☍♅	0 56	25	16 52	☉☌☿	0 35	6	10 36	☽☍♄	4 49	27	12 22	☽☌☉	2 52
6	18 23	☽☌♆	0 58	27	16 55	☽☌☉	4 31	12	13 29	☽☍♂	3 28	27	12 29	♀☌♆	1 19
8	21 41	☽☌♅	3 23	27	19 31	☽☌☿	3 40	12	16 37	☽☍☉	3 53	28	20 02	♂☌♇	6 22
8	22 31	☽☍♄	4 22	27	21 56	☽☌♂	4 03	12	18 43	☿☌♇	7 44	29	03 53	☽ ● ☿	0 38
12	05 55	♀☌♇	7 53	29	03 39	☿☌♂	0 33	13	07 34	☽☍♇	9 00	29	09 20	☽ ● ♃	0 35
12	17 14	☽☍☿	5 35	29	17 59	☽☌♇	9 05	13	09 00	☽☍☿	1 10	31	09 31	☽☌♆	1 27
13	06 17	☽☍☉	4 47	DECEMBER				14	22 27	☽☍♃	0 56	31	11 40	☿☌♃	1 12
13	17 13	☽☍♂	4 28					15	21 21	☽☍♀	2 02	31	18 34	☽☌♀	2 54
15	19 17	☽☍♇	9 14	1	08 45	♀☌♃	1 59	16	18 55	☽☍♆	1 20				

PHENOMENA IN 2008

d h	JANUARY
3 00	⊕ in perihelion
3 08	☽ in Apogee
6 16	☽ Max. Dec.27°S56′
13 15	☽ Zero Dec.
19 09	☽ in Perigee
19 23	☽ Max. Dec.27°N59′
22 05	☿ Gt.Elong. 19 ° E.
23 02	☿ ☊
26 12	☽ Zero Dec.
27 18	☿ in perihelion
31 04	☽ in Apogee
	FEBRUARY
2 23	☽ Max. Dec.28°S01′
7 04	● Annular eclipse
9 21	☽ Zero Dec.
14 01	☽ in Perigee
15 20	♀ ☋
16 06	☽ Max. Dec.28°N02′
21 03	◗ Total eclipse
22 21	☽ Zero Dec.
28 01	☽ in Apogee
	MARCH
1 08	☽ Max. Dec.28°S02′
1 09	☿ ☋
3 11	☿ Gt.Elong. 27 ° W.
8 05	☽ Zero Dec.
10 22	☽ in Perigee
11 18	☿ in aphelion
14 12	☽ Max. Dec.27°N59′
20 06	☉ enters ♈,Equinox
21 05	☽ Zero Dec.
21 15	♀ in aphelion
26 20	☽ in Apogee
28 16	☽ Max. Dec.27°S54′
	APRIL
4 15	☽ Zero Dec.
7 19	☽ in Perigee
10 18	☽ Max. Dec.27°N49′
17 11	☽ Zero Dec.
17 16	♃ ☋
20 01	☿ ☊
23 09	☽ in Apogee
24 17	☿ in perihelion
24 23	☽ Max. Dec.27°S42′

d h	MAY
2 01	☽ Zero Dec.
6 03	☽ in Perigee
8 02	☽ Max. Dec.27°N38′
13 02	♂ in aphelion
14 04	☿ Gt.Elong. 22 ° E.
14 16	☽ Zero Dec.
20 14	☽ in Apogee
22 04	☽ Max. Dec.27°S33′
28 08	☿ ☋
29 09	☽ Zero Dec.
	JUNE
3 13	☽ in Perigee
4 12	☽ Max. Dec.27°N32′
7 17	☿ in aphelion
7 23	♀ ☊
10 22	☽ Zero Dec.
16 17	☽ in Apogee
18 09	☽ Max. Dec.27°S31′
21 00	☉ enters ♋,Solstice
25 15	☽ Zero Dec.
	JULY
1 18	☿ Gt.Elong. 22 ° W.
1 21	☽ in Perigee
1 22	☽ Max. Dec.27°N32′
4 08	⊕ in aphelion
8 05	☽ Zero Dec.
11 22	♀ in perihelion
14 04	☽ in Apogee
15 15	☽ Max. Dec.27°S34′
17 01	☿ ☊
21 16	☿ in perihelion
22 20	☽ Zero Dec.
29 06	☽ Max. Dec.27°N36′
29 23	☽ in Perigee
	AUGUST
1 10	● Total eclipse
4 14	☽ Zero Dec.
10 20	☽ in Apogee
11 22	☽ Max. Dec.27°S37′
16 21	◗ Partial eclipse
19 02	☽ Zero Dec.
24 08	☿ ☋
25 13	☽ Max. Dec.27°N36′
26 04	☽ in Perigee
31 23	☽ Zero Dec.

d h	SEPTEMBER
3 16	☿ in aphelion
7 15	☽ in Apogee
8 06	☽ Max. Dec.27°S33′
11 04	☿ Gt.Elong. 27 ° E.
15 10	☽ Zero Dec.
20 04	☽ in Perigee
21 18	☽ Max. Dec.27°N28′
22 16	☉ enters ♎,Equinox
27 12	♀ ☋
28 07	☽ Zero Dec.
	OCTOBER
5 11	☽ in Apogee
5 14	☽ Max. Dec.27°S22′
12 19	☽ Zero Dec.
13 00	☿ ☊
17 06	☽ in Perigee
17 16	☿ in perihelion
19 00	☽ Max. Dec.27°N16′
20 00	♂ ☋
22 09	☿ Gt.Elong. 18 ° W.
25 14	☽ Zero Dec.
	NOVEMBER
1 07	♀ in aphelion
1 21	☽ Max. Dec.27°S09′
2 05	☽ in Apogee
9 04	☽ Zero Dec.
14 10	☽ in Perigee
15 08	☽ Max. Dec.27°N05′
20 07	☿ ☋
21 18	☽ Zero Dec.
29 03	☽ Max. Dec.27°S01′
29 17	☽ in Apogee
30 15	☿ in aphelion
	DECEMBER
6 12	☽ Zero Dec.
12 19	☽ Max. Dec.27°N01′
12 22	☽ in Perigee
19 00	☽ Zero Dec.
21 12	☉ enters ♑,Solstice
26 08	☽ Max. Dec.27°S02′
26 18	☽ in Apogee

LOCAL MEAN TIME OF SUNRISE FOR LATITUDES
60° North to 50° South
FOR ALL SUNDAYS IN 2008 (ALL TIMES ARE A.M.)

Date	LON-DON	NORTHERN LATITUDES							SOUTHERN LATITUDES					
		60°	55°	50°	40°	30°	20°	10°	0°	10°	20°	30°	40°	50°
	H M	H M	H M	H M	H M	H M	H M	H M	H M	H M	H M	H M	H M	H M
2007 Dec. 30	8 6	9 3	8 25	7 59	7 22	6 55	6 34	6 16	5 59	5 41	5 23	5 1	4 33	3 53
2008 Jan. 6	8 5	9 0	8 24	7 58	7 22	6 57	6 37	6 19	6 2	5 45	5 27	5 6	4 39	4 1
" 13	8 1	8 52	8 18	7 55	7 21	6 57	6 38	6 21	6 5	5 49	5 32	5 11	4 46	4 10
" 20	7 55	8 41	8 11	7 49	7 18	6 56	6 38	6 22	6 7	5 52	5 36	5 17	4 54	4 20
" 27	7 47	8 27	8 1	7 42	7 14	6 54	6 37	6 23	6 9	5 56	5 41	5 24	5 2	4 32
Feb. 3	7 36	8 11	7 49	7 32	7 8	6 50	6 35	6 23	6 10	5 58	5 45	5 30	5 11	4 44
" 10	7 25	7 54	7 35	7 21	7 0	6 45	6 32	6 21	6 11	6 0	5 49	5 36	5 19	4 56
" 17	7 12	7 35	7 20	7 8	6 51	6 39	6 29	6 20	6 11	6 2	5 53	5 42	5 28	5 9
" 24	6 57	7 15	7 4	6 55	6 42	6 32	6 24	6 17	6 10	6 3	5 56	5 47	5 36	5 21
Mar. 2	6 43	6 55	6 47	6 41	6 32	6 25	6 19	6 14	6 9	6 4	5 58	5 52	5 44	5 33
" 9	6 27	6 34	6 30	6 26	6 21	6 17	6 13	6 10	6 7	6 4	6 1	5 57	5 52	5 45
" 16	6 11	6 13	6 12	6 11	6 10	6 9	6 8	6 6	6 5	6 4	6 3	6 1	5 59	5 56
" 23	5 55	5 52	5 54	5 56	5 59	6 0	6 1	6 2	6 3	6 4	6 5	6 5	6 6	6 7
" 30	5 39	5 30	5 36	5 41	5 47	5 52	5 55	5 58	6 1	6 4	6 7	6 10	6 13	6 18
Apr. 6	5 24	5 9	5 18	5 25	5 36	5 43	5 49	5 54	5 59	6 4	6 9	6 14	6 20	6 29
" 13	5 8	4 49	5 1	5 11	5 25	5 35	5 44	5 51	5 57	6 4	6 10	6 18	6 27	6 39
" 20	4 53	4 28	4 44	4 57	5 15	5 28	5 38	5 47	5 56	6 4	6 13	6 22	6 34	6 51
" 27	4 39	4 8	4 28	4 43	5 5	5 21	5 33	5 44	5 54	6 4	6 15	6 27	6 41	7 1
May 4	4 26	3 50	4 13	4 31	4 56	5 15	5 29	5 42	5 53	6 5	6 17	6 31	6 48	7 11
" 11	4 14	3 31	3 59	4 19	4 48	5 9	5 26	5 40	5 53	6 6	6 20	6 36	6 55	7 22
" 18	4 3	3 15	3 47	4 10	4 42	5 5	5 23	5 39	5 53	6 7	6 23	6 40	7 1	7 31
" 25	3 55	3 1	3 36	4 2	4 37	5 1	5 21	5 38	5 53	6 9	6 25	6 44	7 7	7 40
June 1	3 48	2 49	3 28	3 56	4 33	4 59	5 20	5 38	5 54	6 11	6 28	6 48	7 13	7 47
" 8	3 44	2 40	3 23	3 52	4 31	4 58	5 20	5 38	5 56	6 13	6 31	6 51	7 17	7 53
" 15	3 42	2 36	3 20	3 50	4 30	4 58	5 20	5 39	5 57	6 14	6 33	6 54	7 20	7 58
" 22	3 43	2 36	3 21	3 51	4 32	5 0	5 22	5 41	5 58	6 16	6 35	6 56	7 22	8 0
" 29	3 46	2 41	3 25	3 54	4 34	5 2	5 24	5 43	6 0	6 17	6 36	6 57	7 23	8 0
July 6	3 51	2 48	3 31	3 59	4 37	5 5	5 26	5 44	6 1	6 18	6 36	6 56	7 22	7 58
" 13	3 59	3 1	3 39	4 6	4 43	5 8	5 29	5 46	6 2	6 18	6 35	6 55	7 19	7 53
" 20	4 7	3 15	3 49	4 14	4 48	5 12	5 31	5 48	6 3	6 18	6 34	6 52	7 15	7 47
" 27	4 17	3 29	4 1	4 22	4 54	5 16	5 34	5 49	6 3	6 17	6 32	6 49	7 9	7 38
Aug. 3	4 27	3 46	4 13	4 33	5 1	5 20	5 36	5 50	6 3	6 15	6 29	6 44	7 3	7 28
" 10	4 38	4 3	4 26	4 43	5 7	5 25	5 39	5 51	6 2	6 13	6 25	6 38	6 54	7 17
" 17	4 49	4 19	4 39	4 53	5 13	5 28	5 41	5 51	6 1	6 10	6 20	6 32	6 45	7 4
" 24	5 0	4 37	4 52	5 4	5 21	5 33	5 43	5 51	5 59	6 7	6 15	6 24	6 35	6 50
" 31	5 12	4 53	5 5	5 14	5 27	5 37	5 44	5 51	5 57	6 3	6 9	6 16	6 25	6 36
Sept. 7	5 23	5 9	5 18	5 24	5 33	5 40	5 46	5 50	5 55	5 59	6 3	6 8	6 14	6 22
" 14	5 34	5 26	5 31	5 35	5 40	5 44	5 47	5 50	5 52	5 55	5 57	5 59	6 2	6 6
" 21	5 45	5 43	5 44	5 45	5 47	5 48	5 49	5 49	5 50	5 50	5 50	5 51	5 51	5 50
" 28	5 56	5 58	5 57	5 55	5 53	5 52	5 50	5 49	5 47	5 46	5 44	5 42	5 39	5 36
Oct. 5	6 8	6 16	6 11	6 7	6 1	5 56	5 52	5 49	5 45	5 42	5 38	5 33	5 28	5 20
" 12	6 20	6 33	6 24	6 18	6 8	6 0	5 54	5 49	5 43	5 38	5 32	5 25	5 17	5 5
" 19	6 31	6 49	6 38	6 28	6 15	6 5	5 56	5 49	5 42	5 34	5 27	5 18	5 6	4 51
" 26	6 44	7 8	6 52	6 40	6 23	6 10	5 59	5 50	5 41	5 32	5 22	5 11	4 56	4 37
Nov. 2	6 56	7 26	7 7	6 52	6 31	6 15	6 2	5 51	5 40	5 30	5 18	5 4	4 48	4 24
" 9	7 8	7 43	7 21	7 3	6 38	6 20	6 5	5 53	5 40	5 28	5 15	4 59	4 40	4 13
" 16	7 20	8 1	7 35	7 15	6 47	6 26	6 10	5 55	5 42	5 28	5 13	4 55	4 34	4 3
" 23	7 32	8 18	7 48	7 26	6 55	6 32	6 14	5 58	5 43	5 28	5 12	4 53	4 29	3 55
" 30	7 43	8 33	8 0	7 36	7 2	6 38	6 18	6 1	5 45	5 29	5 12	4 51	4 26	3 49
Dec. 7	7 52	8 47	8 10	7 45	7 9	6 43	6 23	6 5	5 48	5 31	5 13	4 52	4 25	3 46
" 14	7 59	8 57	8 18	7 52	7 14	6 48	6 27	6 9	5 51	5 34	5 15	4 53	4 25	3 45
" 21	8 4	9 2	8 23	7 56	7 18	6 52	6 31	6 12	5 54	5 37	5 18	4 56	4 28	3 47
" 28	8 6	9 4	8 26	7 59	7 21	6 55	6 34	6 16	5 58	5 41	5 22	5 0	4 32	3 52
2009 Jan. 4	8 5	9 1	8 24	7 58	7 22	6 57	6 36	6 18	6 2	5 45	5 26	5 5	4 38	3 59

Example:—To find the time of Sunrise in Jamaica. (Latitude 18 °N.) on Wednesday June 11th. 2008. On June 8th. L.M.T. = 5h. 20m. + $\frac{1}{10}$ × 18m. = 5h. 24m., on June 15th. L.M.T. = 5h. 20m. + $\frac{1}{10}$ × 19m. = 5h. 24m., therefore L.M.T. on June 11th. = 5h. 24m. + $\frac{3}{7}$ × 0m. = 5h. 24m. A.M.

LOCAL MEAN TIME OF SUNSET FOR LATITUDES
60° North to 50° South
FOR ALL SUNDAYS IN 2008 (ALL TIMES ARE P.M.)

Date	LON-DON	NORTHERN LATITUDES 60°	55°	50°	40°	30°	20°	10°	0°	SOUTHERN LATITUDES 10°	20°	30°	40°	50°
	H M	H M	H M	H M	H M	H M	H M	H M	H M	H M	H M	H M	H M	H M
2007 Dec. 30	3 59	3 2	3 40	4 7	4 44	5 10	5 31	5 49	6 6	6 23	6 42	7 4	7 32	8 12
2008 Jan. 6	4 7	3 12	3 48	4 14	4 49	5 15	5 35	5 53	6 9	6 26	6 44	7 6	7 32	8 11
,, 13	4 16	3 25	3 58	4 22	4 56	5 20	5 39	5 56	6 12	6 28	6 45	7 5	7 31	8 7
,, 20	4 27	3 42	4 11	4 33	5 4	5 26	5 44	6 0	6 14	6 29	6 46	7 4	7 28	8 1
,, 27	4 39	3 59	4 25	4 44	5 12	5 32	5 48	6 3	6 16	6 30	6 45	7 2	7 23	7 53
Feb. 3	4 51	4 17	4 39	4 56	5 20	5 38	5 53	6 5	6 17	6 30	6 43	6 58	7 17	7 43
,, 10	5 4	4 36	4 54	5 8	5 29	5 44	5 56	6 7	6 18	6 28	6 39	6 52	7 9	7 31
,, 17	5 17	4 54	5 9	5 20	5 37	5 50	6 0	6 9	6 18	6 26	6 36	6 47	7 1	7 19
,, 24	5 29	5 12	5 23	5 32	5 45	5 55	6 3	6 10	6 17	6 24	6 31	6 40	6 51	7 6
Mar. 2	5 42	5 30	5 38	5 44	5 53	6 0	6 6	6 11	6 15	6 20	6 26	6 32	6 40	6 51
,, 9	5 54	5 47	5 52	5 55	6 0	6 4	6 8	6 11	6 14	6 17	6 20	6 25	6 30	6 37
,, 16	6 6	6 5	6 6	6 6	6 8	6 9	6 10	6 11	6 12	6 13	6 15	6 16	6 18	6 21
,, 23	6 18	6 22	6 19	6 18	6 15	6 13	6 12	6 11	6 10	6 9	6 8	6 7	6 6	6 5
,, 30	6 30	6 39	6 33	6 29	6 22	6 18	6 14	6 11	6 8	6 5	6 2	5 59	5 56	5 51
Apr. 6	6 42	6 56	6 47	6 40	6 29	6 22	6 16	6 11	6 6	6 1	5 56	5 51	5 45	5 36
,, 13	6 53	7 13	7 0	6 51	6 36	6 26	6 18	6 10	6 4	5 57	5 50	5 43	5 33	5 21
,, 20	7 5	7 30	7 14	7 1	6 43	6 30	6 20	6 11	6 2	5 54	5 45	5 36	5 24	5 7
,, 27	7 16	7 47	7 27	7 12	6 51	6 35	6 22	6 11	6 1	5 51	5 41	5 29	5 14	4 54
May 4	7 28	8 6	7 41	7 23	6 58	6 39	6 25	6 12	6 0	5 49	5 36	5 22	5 5	4 42
,, 11	7 39	8 22	7 54	7 33	7 4	6 44	6 27	6 13	6 0	5 47	5 33	5 17	4 58	4 31
,, 18	7 50	8 39	8 6	7 43	7 11	6 48	6 30	6 15	6 0	5 46	5 30	5 13	4 52	4 22
,, 25	7 59	8 54	8 18	7 53	7 17	6 53	6 33	6 16	6 0	5 45	5 29	5 10	4 46	4 14
June 1	8 8	9 7	8 28	8 0	7 23	6 56	6 36	6 18	6 2	5 45	5 28	5 8	4 43	4 8
,, 8	8 14	9 18	8 35	8 7	7 27	7 0	6 38	6 20	6 3	5 46	5 28	5 7	4 41	4 5
,, 15	8 19	9 25	8 41	8 11	7 31	7 3	6 41	6 22	6 4	5 47	5 28	5 7	4 41	4 3
,, 22	8 21	9 28	8 43	8 13	7 33	7 4	6 42	6 23	6 5	5 48	5 30	5 8	4 42	4 4
,, 29	8 21	9 26	8 43	8 13	7 33	7 5	6 43	6 25	6 7	5 50	5 32	5 11	4 44	4 7
July 6	8 18	9 20	8 39	8 10	7 32	7 5	6 44	6 25	6 8	5 52	5 34	5 13	4 48	4 12
,, 13	8 13	9 11	8 33	8 6	7 29	7 3	6 43	6 26	6 9	5 53	5 36	5 17	4 52	4 18
,, 20	8 6	8 58	8 24	7 59	7 25	7 1	6 42	6 25	6 10	5 55	5 39	5 21	4 58	4 26
,, 27	7 56	8 42	8 12	7 50	7 19	6 57	6 39	6 24	6 10	5 56	5 41	5 25	5 4	4 35
Aug. 3	7 45	8 26	7 59	7 40	7 12	6 52	6 36	6 22	6 10	5 57	5 44	5 29	5 10	4 44
,, 10	7 33	8 8	7 45	7 28	7 3	6 46	6 32	6 20	6 9	5 58	5 46	5 33	5 16	4 54
,, 17	7 19	7 47	7 29	7 14	6 54	6 39	6 27	6 17	6 7	5 58	5 48	5 37	5 23	5 4
,, 24	7 4	7 28	7 13	7 1	6 44	6 32	6 22	6 14	6 6	5 58	5 50	5 41	5 30	5 14
,, 31	6 49	7 7	6 56	6 47	6 34	6 24	6 16	6 10	6 4	5 58	5 51	5 45	5 36	5 25
Sept. 7	6 33	6 45	6 38	6 31	6 22	6 15	6 10	6 5	6 1	5 57	5 53	5 48	5 43	5 35
,, 14	6 17	6 25	6 20	6 16	6 11	6 7	6 4	6 1	5 59	5 57	5 54	5 52	5 49	5 45
,, 21	6 1	6 3	6 2	6 1	5 59	5 58	5 57	5 57	5 56	5 56	5 56	5 56	5 56	5 56
,, 28	5 45	5 41	5 44	5 45	5 47	5 49	5 51	5 52	5 54	5 55	5 57	6 0	6 3	6 7
Oct. 5	5 29	5 21	5 26	5 30	5 36	5 41	5 45	5 48	5 52	5 55	5 59	6 4	6 9	6 17
,, 12	5 14	5 0	5 9	5 15	5 25	5 33	5 39	5 45	5 50	5 55	6 1	6 8	6 17	6 28
,, 19	4 59	4 39	4 52	5 1	5 15	5 25	5 33	5 41	5 48	5 56	6 4	6 13	6 24	6 40
,, 26	4 45	4 21	4 36	4 48	5 5	5 18	5 29	5 39	5 48	5 57	6 6	6 18	6 32	6 51
Nov. 2	4 32	4 2	4 21	4 36	4 57	5 12	5 25	5 37	5 47	5 58	6 10	6 23	6 40	7 3
,, 9	4 20	3 44	4 7	4 24	4 49	5 7	5 22	5 35	5 47	6 0	6 13	6 29	6 48	7 16
,, 16	4 10	3 29	3 55	4 15	4 43	5 4	5 20	5 35	5 49	6 2	6 17	6 35	6 56	7 27
,, 23	4 1	3 15	3 45	4 7	4 39	5 1	5 19	5 35	5 50	6 5	6 22	6 41	7 4	7 38
,, 30	3 55	3 4	3 38	4 2	4 36	5 0	5 19	5 36	5 52	6 9	6 26	6 46	7 12	7 49
Dec. 7	3 52	2 57	3 33	3 59	4 35	5 0	5 21	5 39	5 55	6 12	6 31	6 52	7 19	7 58
,, 14	3 51	2 53	3 32	3 58	4 36	5 2	5 23	5 41	5 59	6 16	6 35	6 57	7 24	8 5
,, 21	3 53	2 54	3 33	4 0	4 38	5 5	5 26	5 45	6 2	6 20	6 39	7 1	7 29	8 10
,, 28	3 58	3 0	3 38	4 5	4 42	5 9	5 30	5 48	6 6	6 23	6 42	7 4	7 32	8 12
2009 Jan. 4	4 5	3 10	3 46	4 12	4 48	5 14	5 34	5 52	6 9	6 26	6 44	7 5	7 32	8 11

Example:—To find the time of Sunset in Canberra (Latitude 35·3 °S.) on Friday August 1st. 2008. On July 27th. L.M.T. = 5h. 25m. − $\frac{5·3}{10}$ × 21m = 5h. 14m., on August 3rd. L.M.T. = 5h. 29m. − $\frac{5·3}{10}$ × 19m. = 5h. 19m., therefore L.M.T. on August 1st. = 5h. 14m. + $\frac{5}{7}$ × 5m. = 5h. 18m. P.M.

TABLES OF HOUSES FOR LONDON, Latitude 51º 32' N.

Panel 1 (top-left)

Sidereal Time H. M. S.	10 ♈	11 ♉	12 ♊	Ascen ♋ (° ')	2 ♌	3 ♍
0 0 0	0	9	22	26 36	12	3
0 3 40	1	10	23	27 17	13	3
0 7 20	2	11	24	27 56	14	4
0 11 0	3	12	25	28 42	15	5
0 14 41	4	13	25	29 17	15	6
0 18 21	5	14	26	29 55	16	7
0 22 2	6	15	27	0♌34	17	8
0 25 42	7	16	28	1 14	18	8
0 29 23	8	17	29	1 55	18	9
0 33 4	9	18	♋	2 33	19	10
0 36 45	10	19	1	3 14	20	11
0 40 26	11	20	1	3 54	20	12
0 44 8	12	21	2	4 33	21	13
0 47 50	13	22	3	5 12	22	14
0 51 32	14	23	4	5 52	23	15
0 55 14	15	24	5	6 30	23	15
0 58 57	16	25	6	7 9	24	16
1 2 40	17	26	6	7 50	25	17
1 6 23	18	27	7	8 30	26	18
1 10 7	19	28	8	9 9	26	19
1 13 51	20	29	9	9 48	27	19
1 17 35	21	♊	10	10 28	28	20
1 21 20	22	1	10	11 8	28	21
1 25 6	23	2	11	11 48	29	22
1 28 52	24	3	12	12 28	♍	23
1 32 38	25	4	13	13 8	1	24
1 36 25	26	5	14	13 48	1	25
1 40 12	27	6	14	14 28	2	25
1 44 0	28	7	15	15 8	3	26
1 47 48	29	8	16	15 48	4	27
1 51 37	30	9	17	16 28	4	28

Panel 2 (top-middle)

Sidereal Time H. M. S.	10 ♉	11 ♊	12 ♋	Ascen ♌ (° ')	2 ♍	3 ♎
1 51 37	0	9	17	16 28	4	28
1 55 27	1	10	18	17 8	5	29
1 59 17	2	11	19	17 48	6	♎
2 3 8	3	12	19	18 28	7	1
2 6 59	4	13	20	19 9	8	2
2 10 51	5	14	21	19 49	9	2
2 14 44	6	15	22	20 29	9	3
2 18 37	7	16	22	21 10	10	4
2 22 31	8	17	23	21 51	11	5
2 26 25	9	18	24	22 32	11	6
2 30 20	10	19	25	23 14	12	7
2 34 16	11	20	25	23 55	13	8
2 38 13	12	21	26	24 36	14	9
2 42 10	13	22	27	25 17	15	10
2 46 8	14	23	28	25 58	15	11
2 50 7	15	24	29	26 40	16	12
2 54 7	16	25	29	27 22	17	12
2 58 7	17	26	♌	28 4	18	13
3 2 8	18	27	1	28 46	18	14
3 6 9	19	27	2	29 28	19	15
3 10 12	20	28	3	0♍12	20	16
3 14 15	21	29	3	0 54	21	17
3 18 19	22	♋	4	1 36	22	18
3 22 23	23	1	5	2 20	22	19
3 26 29	24	2	6	3 2	23	20
3 30 35	25	3	7	3 45	24	21
3 34 41	26	4	7	4 28	25	22
3 38 49	27	5	8	5 11	26	23
3 42 57	28	6	9	5 54	27	24
3 47 6	29	7	10	6 38	27	25
3 51 15	30	8	11	7 21	28	25

Panel 3 (top-right)

Sidereal Time H. M. S.	10 ♊	11 ♋	12 ♌	Ascen ♍ (° ')	2 ♎	3 ♏
3 51 15	0	8	11	7 21	28	25
3 55 25	1	9	12	8 5	29	26
3 59 36	2	10	12	8 49	♎	27
4 3 48	3	10	13	9 33	1	28
4 8 0	4	11	14	10 17	2	29
4 12 13	5	12	15	11 2	2	♏
4 16 26	6	13	16	11 46	3	1
4 20 40	7	14	17	12 30	4	2
4 24 55	8	15	17	13 15	5	3
4 29 10	9	16	18	14 0	6	4
4 33 26	10	17	19	14 45	7	5
4 37 42	11	18	20	15 30	8	6
4 41 59	12	19	21	16 15	8	7
4 46 16	13	20	21	17 0	9	8
4 50 34	14	21	22	17 45	10	9
4 54 52	15	22	23	18 30	11	10
4 59 10	16	23	24	19 16	12	11
5 3 29	17	24	25	20 3	13	12
5 7 49	18	25	26	20 49	14	13
5 12 9	19	25	27	21 35	14	14
5 16 29	20	26	28	22 20	15	14
5 20 49	21	27	28	23 6	16	15
5 25 9	22	28	29	23 51	17	16
5 29 30	23	29	♍	24 37	18	17
5 33 51	24	♌	1	25 23	19	18
5 38 12	25	1	2	26 9	20	19
5 42 34	26	2	3	26 55	21	20
5 46 55	27	3	4	27 41	21	21
5 51 17	28	4	4	28 27	22	22
5 55 38	29	5	5	29 13	23	23
6 0 0	30	6	6	30 0	24	24

Panel 4 (bottom-left)

Sidereal Time H. M. S.	10 ♋	11 ♌	12 ♍	Ascen ♎ (° ')	2 ♎	3 ♏
6 0 0	0	6	6	0 0	24	24
6 4 22	1	7	7	0 47	25	25
6 8 43	2	8	8	1 33	26	26
6 13 5	3	9	9	2 19	27	27
6 17 26	4	10	10	3 5	27	28
6 21 48	5	11	10	3 51	28	29
6 26 9	6	12	11	4 37	29	♐
6 30 30	7	13	12	5 23	♏	1
6 34 51	8	14	13	6 9	1	2
6 39 11	9	15	14	6 55	2	3
6 43 31	10	16	15	7 40	2	4
6 47 51	11	16	16	8 26	3	4
6 52 11	12	17	16	9 12	4	5
6 56 31	13	18	17	9 58	5	6
7 0 50	14	19	18	10 43	6	7
7 5 8	15	20	19	11 28	7	8
7 9 26	16	21	20	12 14	8	9
7 13 44	17	22	21	12 59	8	10
7 18 1	18	23	22	13 45	9	11
7 22 18	19	24	23	14 30	10	12
7 26 34	20	25	24	15 15	11	13
7 30 50	21	26	25	16 0	12	14
7 35 5	22	27	25	16 45	13	15
7 39 20	23	28	26	17 30	13	16
7 43 34	24	29	27	18 15	14	17
7 47 47	25	♍	28	18 59	15	18
7 52 0	26	1	29	19 43	16	19
7 56 12	27	2	29	20 27	16	20
8 0 24	28	3	♎	21 11	18	20
8 4 35	29	4	1	21 56	18	21
8 8 45	30	5	2	22 40	19	22

Panel 5 (bottom-middle)

Sidereal Time H. M. S.	10 ♌	11 ♍	12 ♎	Ascen ♎ (° ')	2 ♏	3 ♐
8 8 45	0	5	2	22 40	19	22
8 12 54	1	5	3	23 24	20	23
8 17 3	2	6	3	24 7	21	24
8 21 11	3	7	4	24 50	22	25
8 25 19	4	8	5	25 34	23	26
8 29 26	5	9	6	26 18	23	27
8 33 31	6	10	7	27 1	24	28
8 37 37	7	11	8	27 44	25	29
8 41 41	8	12	8	28 26	26	♐
8 45 45	9	13	9	29 8	27	1
8 49 48	10	14	10	29 50	27	2
8 53 51	11	15	11	0♏32	28	3
8 57 52	12	16	12	1 15	29	4
9 1 53	13	17	12	1 58	♐	4
9 5 53	14	18	13	2 39	1	5
9 9 53	15	18	14	3 21	1	6
9 13 52	16	19	15	4 3	2	7
9 17 50	17	20	16	4 44	3	8
9 21 47	18	21	16	5 26	3	9
9 25 44	19	22	17	6 7	4	10
9 29 40	20	23	18	6 48	5	11
9 33 35	21	24	18	7 29	5	12
9 37 29	22	25	19	8 9	6	13
9 41 23	23	26	20	8 50	7	14
9 45 16	24	27	21	9 31	8	15
9 49 9	25	28	22	10 11	9	16
9 53 1	26	28	23	10 51	9	17
9 56 52	27	29	23	11 32	10	18
10 0 43	28	♎	24	12 12	11	19
10 4 33	29	1	25	12 53	12	20
10 8 23	30	2	26	13 33	13	20

Panel 6 (bottom-right)

Sidereal Time H. M. S.	10 ♍	11 ♎	12 ♏	Ascen ♏ (° ')	2 ♐	3 ♑
10 8 23	0	2	26	13 33	13	20
10 12 12	1	3	26	14 13	14	21
10 16 0	2	4	27	14 53	15	22
10 19 48	3	5	28	15 33	15	23
10 23 35	4	5	29	16 13	16	24
10 27 22	5	6	29	16 52	17	25
10 31 8	6	7	♏	17 32	18	26
10 34 54	7	8	1	18 12	19	27
10 38 40	8	9	2	18 52	20	28
10 42 25	9	10	2	19 31	20	29
10 46 9	10	11	3	20 11	21	♒
10 49 53	11	11	4	20 50	22	1
10 53 37	12	12	4	21 30	23	2
10 57 20	13	13	5	22 9	24	3
11 1 0	14	14	6	22 49	24	4
11 4 46	15	15	7	23 28	25	5
11 8 28	16	16	7	24 8	26	6
11 12 10	17	17	8	24 47	27	8
11 15 34	18	18	9	25 27	28	9
11 19 34	19	18	10	26 6	29	10
11 23 15	20	19	10	26 45	♑	11
11 26 56	21	20	11	27 25	0	12
11 30 37	22	21	12	28 5	1	13
11 34 18	23	22	13	28 44	2	14
11 38 0	24	23	14	29 24	3	15
11 41 39	25	23	14	0♐3	4	16
11 45 19	26	24	15	0 43	5	17
11 49 0	27	25	16	1 23	6	18
11 52 40	28	26	16	2 3	6	19
11 56 20	29	27	17	2 43	7	20
12 0 0	30	27	17	3 23	8	21

TABLES OF HOUSES FOR LONDON, Latitude 51° 32' *N.*

Sidereal Time.	10 ♎	11 ♎	12 ♏	Ascen ♐	2 ♑	3 ♒
H. M. S.	°	°	°	° '	°	°
12 0 0	0	27	17	3 23	8	21
12 3 40	1	28	18	4 4	9	23
12 7 20	2	29	19	4 45	10	24
12 11 0	3	♏	20	5 26	11	25
12 14 41	4	1	20	6 7	12	26
12 18 21	5	1	21	6 48	13	27
12 22 2	6	2	22	7 29	14	28
12 25 42	7	3	23	8 10	15	29
12 29 23	8	4	23	8 51	16	♓
12 33 4	9	5	24	9 33	17	2
12 36 45	10	6	25	10 15	18	3
12 40 26	11	6	25	10 57	19	4
12 44 8	12	7	26	11 40	20	5
12 47 50	13	8	27	12 22	21	6
12 51 32	14	9	28	13 4	22	7
12 55 14	15	10	28	13 47	23	9
12 58 57	16	11	29	14 30	24	10
13 2 40	17	11	♐	15 14	25	11
13 6 23	18	12	1	15 59	26	12
13 10 7	19	13	1	16 44	27	13
13 13 51	20	14	2	17 29	28	15
13 17 35	21	15	3	18 14	29	16
13 21 20	22	16	4	19 0	♒	17
13 25 6	23	16	4	19 45	1	18
13 28 52	24	17	5	20 31	2	20
13 32 38	25	18	6	21 18	4	21
13 36 25	26	19	7	22 6	5	22
13 40 12	27	20	7	22 54	6	23
13 44 0	28	21	8	23 42	7	25
13 47 48	29	21	9	24 31	8	26
13 51 37	30	22	10	25 20	10	27

Sidereal Time.	10 ♏	11 ♏	12 ♐	Ascen ♐	2 ♒	3 ♓
H. M. S.	°	°	°	° '	°	°
13 51 37	0	22	10	25 20	10	27
13 55 27	1	23	11	26 10	11	28
13 59 17	2	24	11	27 2	12	♈
14 3 8	3	25	12	27 53	14	1
14 6 59	4	26	13	28 45	15	2
14 10 51	5	26	14	29 36	16	4
14 14 44	6	27	15	0♑29	18	5
14 18 37	7	28	15	1 23	19	6
14 22 31	8	29	16	2 18	20	8
14 26 25	9	♐	17	3 14	22	9
14 30 20	10	1	18	4 11	23	10
14 34 16	11	2	19	5 9	25	11
14 38 13	12	2	20	6 7	26	13
14 42 10	13	3	20	7 6	28	14
14 46 8	14	4	21	8 6	29	15
14 50 7	15	5	22	9 8	♓	17
14 54 7	16	6	23	10 11	2	18
14 58 7	17	7	24	11 15	4	19
15 2 8	18	8	25	12 20	6	21
15 6 9	19	9	26	13 27	8	22
15 10 12	20	9	27	14 35	9	23
15 14 15	21	10	27	15 43	11	24
15 18 19	22	11	28	16 52	13	26
15 22 23	23	12	29	18 3	14	27
15 26 29	24	13	♑	19 16	16	28
15 30 35	25	14	1	20 32	17	29
15 34 41	26	15	2	21 48	19	♉
15 38 49	27	16	3	23 8	21	2
15 42 57	28	17	4	24 29	22	3
15 47 6	29	18	5	25 51	24	5
15 51 15	30	18	6	27 15	26	6

Sidereal Time.	10 ♐	11 ♐	12 ♑	Ascen ♑	2 ♓	3 ♉
H. M. S.	°	°	°	° '	°	°
15 51 15	0	18	6	27 15	26	6
15 55 25	1	19	7	28 42	28	7
15 59 36	2	20	8	0♒11	♈	9
16 3 48	3	21	9	1 42	2	10
16 8 0	4	22	10	3 16	3	11
16 12 13	5	23	11	4 53	5	12
16 16 26	6	24	12	6 32	7	14
16 20 40	7	25	13	8 13	9	15
16 24 55	8	26	14	9 57	11	16
16 29 10	9	27	16	11 44	12	17
16 33 26	10	28	17	13 34	14	18
16 37 42	11	29	18	15 26	16	20
16 41 59	12	♑	19	17 20	18	21
16 46 16	13	1	20	19 18	20	22
16 50 34	14	2	21	21 22	21	23
16 54 52	15	3	22	23 29	23	25
16 59 10	16	4	24	25 36	25	26
17 3 29	17	5	25	27 46	27	27
17 7 49	18	6	26	0♓0	28	28
17 12 9	19	7	27	2 19	♉	29
17 16 29	20	8	29	4 40	2	♊
17 20 49	21	9	♒	7 2	3	1
17 25 9	22	10	1	9 26	5	2
17 29 30	23	11	3	11 54	7	3
17 33 51	24	12	4	14 24	8	5
17 38 12	25	13	5	17 0	10	6
17 42 34	26	14	7	19 33	11	7
17 46 55	27	15	8	22 6	13	8
17 51 17	28	16	10	24 40	14	9
17 55 38	29	17	11	27 20	16	10
18 0 0	30	18	13	30 0	17	11

Sidereal Time.	10 ♑	11 ♑	12 ♒	Ascen ♈	2 ♉	3 ♊
H. M. S.	°	°	°	° '	°	°
18 0 0	0	18	13	0 0	17	11
18 4 22	1	20	14	2 39	19	13
18 8 43	2	21	16	5 19	20	14
18 13 5	3	22	17	7 55	22	15
18 17 26	4	23	19	10 29	23	16
18 21 48	5	24	20	13 2	25	17
18 26 9	6	25	22	15 36	26	18
18 30 30	7	26	23	18 6	28	19
18 34 51	8	27	25	20 34	29	20
18 39 11	9	29	27	22 59	♊	21
18 43 31	10	♒	28	25 22	1	22
18 47 51	11	1	♓	27 42	2	23
18 52 11	12	2	2	29 58	4	24
18 56 31	13	3	3	2♉13	5	25
19 0 50	14	4	5	4 24	6	26
19 5 8	15	6	7	6 30	8	27
19 9 26	16	7	9	8 36	9	28
19 13 44	17	8	10	10 40	10	29
19 18 1	18	9	12	12 39	11	♋
19 22 18	19	10	14	14 35	12	1
19 26 34	20	12	16	16 28	13	2
19 30 50	21	13	18	18 17	14	3
19 35 5	22	14	19	20 3	16	4
19 39 20	23	15	21	21 48	17	5
19 43 34	24	16	23	23 29	18	6
19 47 47	25	18	25	25 9	19	7
19 52 0	26	19	27	26 45	20	8
19 56 12	27	20	28	28 18	21	9
20 0 24	28	21	♈	29 49	22	10
20 4 35	29	23	2	1♊19	23	11
20 8 45	30	24	4	2 45	24	12

Sidereal Time.	10 ♒	11 ♒	12 ♈	Ascen ♊	2 ♊	3 ♋
H. M. S.	°	°	°	° '	°	°
20 8 45	0	24	4	2 45	24	12
20 12 54	1	25	6	4 9	25	12
20 17 3	2	27	7	5 32	26	13
20 21 11	3	28	9	6 53	27	14
20 25 19	4	29	11	8 12	28	15
20 29 26	5	♓	13	9 27	29	16
20 33 31	6	2	14	10 43	♋	17
20 37 37	7	3	16	11 58	1	18
20 41 41	8	4	18	13 9	2	19
20 45 45	9	6	19	14 18	3	20
20 49 48	10	7	21	15 25	3	21
20 53 51	11	8	23	16 32	4	21
20 57 52	12	9	24	17 39	5	22
21 1 53	13	11	26	18 44	6	23
21 5 53	14	12	28	19 48	7	24
21 9 53	15	13	29	20 51	8	25
21 13 52	16	15	♉	21 53	9	26
21 17 50	17	16	2	22 53	10	27
21 21 47	18	17	4	23 52	10	28
21 25 44	19	19	5	24 51	11	28
21 29 40	20	20	7	25 48	12	29
21 33 35	21	22	8	26 44	13	♌
21 37 29	22	23	10	27 40	14	1
21 41 23	23	24	11	28 34	15	2
21 45 16	24	25	13	29 29	15	3
21 49 9	25	26	14	0♋22	16	4
21 53 1	26	28	15	1 15	17	4
21 56 52	27	29	16	2 7	18	5
22 0 43	28	♈	18	2 57	19	6
22 4 33	29	2	19	3 48	19	7
22 8 23	30	3	20	4 38	20	8

Sidereal Time.	10 ♓	11 ♈	12 ♉	Ascen ♋	2 ♋	3 ♌
H. M. S.	°	°	°	° '	°	°
22 8 23	0	3	20	4 38	20	8
22 12 12	1	4	21	5 28	21	8
22 16 0	2	6	23	6 17	22	9
22 19 48	3	7	24	7 5	23	10
22 23 35	4	8	25	7 53	23	11
22 27 22	5	9	26	8 42	24	12
22 31 8	6	10	28	9 29	25	13
22 34 54	7	12	29	10 16	26	14
22 38 40	8	13	♊	11 2	26	14
22 42 25	9	14	1	11 47	27	15
22 46 9	10	15	2	12 31	28	16
22 49 53	11	17	3	13 16	29	17
22 53 37	12	18	4	14 1	29	18
22 57 20	13	19	5	14 45	♌	19
23 1 3	14	20	6	15 28	1	19
23 4 46	15	21	7	16 11	2	20
23 8 28	16	23	8	16 54	2	21
23 12 10	17	24	9	17 37	3	22
23 15 52	18	25	10	18 20	4	23
23 19 34	19	26	11	19 3	5	24
23 23 15	20	27	12	19 45	5	24
23 26 56	21	29	13	20 26	6	25
23 30 37	22	♉	14	21 8	7	26
23 34 18	23	1	15	21 50	7	27
23 37 58	24	2	16	22 31	8	28
23 41 39	25	3	17	23 12	9	28
23 45 19	26	4	18	23 53	9	29
23 49 0	27	5	19	24 32	10	♍
23 52 40	28	6	20	25 15	11	1
23 56 20	29	8	21	25 56	12	2
24 0 0	30	9	22	26 36	13	3

TABLES OF HOUSES FOR LIVERPOOL, Latitude 53º 25' N.

Sidereal Time. H. M. S.	10 ♈	11 ♉	12 ♊	Ascen ♋	2 Ω	3 ♍
0 0 0	0	9	24	28 12	14	3
0 3 40	1	10	25	28 51	14	4
0 7 20	2	12	25	29 30	15	4
0 11 0	3	13	26	0♋9	16	5
0 14 41	4	14	27	0 48	17	6
0 18 21	5	15	28	1 27	17	7
0 22 2	6	16	29	2 6	18	8
0 25 42	7	17	69	2 44	19	9
0 29 23	8	18	1	3 22	19	10
0 33 4	9	19	1	4 1	20	10
0 36 45	10	20	2	4 39	21	11
0 40 26	11	21	3	5 18	22	12
0 44 8	12	22	4	5 56	22	13
0 47 50	13	23	5	6 34	23	14
0 51 32	14	24	6	7 13	24	14
0 55 14	15	26	7	7 51	24	15
0 58 57	16	26	7	8 30	25	16
1 2 40	17	27	8	9 8	26	17
1 6 23	18	28	9	9 47	26	18
1 10 7	19	29	10	10 25	27	19
1 13 51	20	♊	11	11 4	28	19
1 17 35	21	1	11	11 43	28	20
1 21 20	22	2	12	12 21	29	21
1 25 6	23	3	13	13 0	♍	22
1 28 52	24	4	14	13 39	1	23
1 32 38	25	5	15	14 17	1	24
1 36 25	26	6	15	14 56	2	25
1 40 12	27	7	16	15 35	3	25
1 44 0	28	8	17	16 14	3	26
1 47 48	29	9	18	16 53	4	27
1 51 37	30	10	18	17 32	5	28

Sidereal Time. H. M. S.	10 ♉	11 ♊	12 ♋	Ascen Ω	2 ♍	3 ♎
1 51 37	0	10	18	17 32	5	28
1 55 27	1	11	19	18 11	6	29
1 59 17	2	12	20	18 51	6	♎
2 3 8	3	13	21	19 30	7	1
2 6 59	4	14	22	20 9	8	2
2 10 51	5	15	22	20 49	9	2
2 14 44	6	16	23	21 28	9	3
2 18 37	7	17	24	22 8	10	4
2 22 31	8	18	25	22 48	11	5
2 26 25	9	19	25	23 28	12	6
2 30 20	10	20	26	24 8	12	7
2 34 16	11	21	27	24 48	13	8
2 38 13	12	22	28	25 28	14	9
2 42 10	13	23	29	26 8	15	10
2 46 8	14	24	29	26 49	15	10
2 50 7	15	25	Ω	27 29	16	11
2 54 7	16	26	1	28 10	17	12
2 58 7	17	27	2	28 51	18	13
3 2 8	18	28	2	29 32	19	14
3 6 9	19	29	3	0♍13	19	15
3 10 12	20	29	4	0 54	20	16
3 14 15	21	69	5	1 36	21	17
3 18 19	22	1	5	2 17	22	18
3 22 23	23	2	6	2 59	23	19
3 26 29	24	3	7	3 41	23	20
3 30 35	25	4	8	4 23	24	21
3 34 41	26	5	9	5 5	25	22
3 38 49	27	6	10	5 47	26	22
3 42 57	28	7	10	6 29	27	23
3 47 6	29	8	11	7 12	27	24
3 51 15	30	9	12	7 55	28	25

Sidereal Time. H. M. S.	10 ♊	11 ♋	12 Ω	Ascen ♍	2 ♍	3 ♎
3 51 15	0	9	12	7 55	28	25
3 55 25	1	10	13	8 37	29	26
3 59 36	2	11	13	9 20	♎	27
4 3 48	3	12	14	10 3	1	28
4 8 0	4	12	15	10 46	2	29
4 12 13	5	13	16	11 30	2	♏
4 16 26	6	14	17	12 13	3	1
4 20 40	7	15	18	12 56	4	2
4 24 55	8	16	18	13 40	5	3
4 29 10	9	17	19	14 24	6	4
4 33 26	10	18	20	15 8	7	5
4 37 42	11	19	21	15 52	7	6
4 41 59	12	20	21	16 36	8	6
4 46 16	13	21	22	17 20	9	7
4 50 34	14	22	23	18 4	10	8
4 54 52	15	23	24	18 48	11	9
4 59 10	16	24	25	19 32	12	10
5 3 29	17	24	26	20 17	12	11
5 7 49	18	25	26	21 1	13	12
5 12 9	19	26	27	21 46	14	13
5 16 29	20	27	28	22 31	15	14
5 20 49	21	28	29	23 16	16	15
5 25 9	22	29	♍	24 0	17	16
5 29 30	23	Ω	1	24 45	18	17
5 33 51	24	1	1	25 30	18	18
5 38 12	25	2	2	26 15	19	19
5 42 34	26	3	3	27 0	20	20
5 46 55	27	4	4	27 45	21	21
5 51 17	28	5	5	28 30	22	21
5 55 38	29	6	6	29 15	23	22
6 0 0	30	7	7	30 0	23	23

Sidereal Time. H. M. S.	10 ♋	11 Ω	12 ♍	Ascen ♎	2 ♎	3 ♏
6 0 0	0	7	7	0 0	23	23
6 4 22	1	8	7	0 45	24	24
6 8 43	2	9	8	1 30	25	25
6 13 5	3	9	9	2 15	26	26
6 17 26	4	10	10	3 0	27	27
6 21 48	5	11	11	3 45	28	28
6 26 9	6	12	12	4 30	29	29
6 30 30	7	13	12	5 15	29	♐
6 34 51	8	14	13	6 0	♏	1
6 39 11	9	15	14	6 44	1	2
6 43 31	10	16	15	7 29	2	3
6 47 51	11	17	16	8 14	3	4
6 52 11	12	18	17	8 59	4	5
6 56 31	13	19	18	9 43	4	6
7 0 50	14	20	18	10 27	5	6
7 5 8	15	21	19	11 11	6	7
7 9 26	16	22	20	11 56	7	8
7 13 44	17	23	21	12 40	8	9
7 18 1	18	24	22	13 24	8	10
7 22 18	19	24	23	14 8	9	11
7 26 34	20	25	23	14 52	10	12
7 30 50	21	26	24	15 36	11	13
7 35 5	22	27	25	16 20	12	14
7 39 20	23	28	26	17 4	13	15
7 43 34	24	29	27	17 47	13	16
7 47 47	25	♍	28	18 30	14	17
7 52 0	26	1	28	19 13	15	18
7 56 12	27	2	29	19 57	16	18
8 0 24	28	3	♎	20 40	17	19
8 4 35	29	4	1	21 23	17	20
8 8 45	30	5	2	22 5	18	21

Sidereal Time. H. M. S.	10 Ω	11 ♍	12 ♎	Ascen ♎	2 ♏	3 ♐
8 8 45	0	5	2	22 5	18	21
8 12 54	1	6	2	22 48	19	22
8 17 3	2	7	3	23 30	20	23
8 21 11	3	8	4	24 13	20	24
8 25 19	4	8	5	24 55	21	25
8 29 26	5	9	6	25 37	22	26
8 33 31	6	10	7	26 19	23	27
8 37 37	7	11	7	27 1	24	28
8 41 41	8	12	8	27 43	25	29
8 45 45	9	13	9	28 24	25	♑
8 49 48	10	14	10	29 6	26	1
8 53 51	11	15	11	29 47	27	2
8 57 52	12	16	11	0♏28	28	2
9 1 53	13	17	12	1 9	28	3
9 5 53	14	18	13	1 50	29	4
9 9 53	15	19	14	2 31	♐	5
9 13 52	16	19	15	3 11	1	6
9 17 50	17	20	15	3 52	1	7
9 21 47	18	21	16	4 32	2	8
9 25 44	19	22	17	5 12	3	9
9 29 40	20	23	18	5 52	4	10
9 33 35	21	24	18	6 32	5	11
9 37 29	22	25	19	7 12	5	12
9 41 23	23	26	20	7 52	6	13
9 45 16	24	27	21	8 32	7	14
9 49 9	25	27	21	9 12	8	15
9 53 1	26	28	22	9 51	8	16
9 56 52	27	29	23	10 30	9	17
10 0 43	28	♎	24	11 9	10	17
10 4 33	29	1	24	11 49	11	18
10 8 23	30	2	25	12 28	11	19

Sidereal Time. H. M. S.	10 ♍	11 ♎	12 ♎	Ascen ♏	2 ♐	3 ♑
10 8 23	0	2	25	12 28	11	19
10 12 12	1	3	26	13 6	12	20
10 16 0	2	4	27	13 45	13	21
10 19 48	3	4	27	14 25	14	22
10 23 35	4	5	28	15 4	15	23
10 27 22	5	6	29	15 42	15	24
10 31 8	6	7	29	16 21	16	25
10 34 54	7	8	♏	17 0	17	26
10 38 40	8	9	1	17 39	18	27
10 42 25	9	10	2	18 17	18	28
10 46 9	10	10	2	18 55	19	29
10 49 53	11	11	3	19 34	20	♒
10 53 37	12	12	4	20 13	21	1
10 57 20	13	13	4	20 52	22	2
11 1 3	14	14	5	21 30	22	3
11 4 46	15	15	6	22 8	23	5
11 8 28	16	16	7	22 46	24	6
11 12 10	17	16	7	23 25	25	7
11 15 52	18	17	8	24 4	26	8
11 19 34	19	18	9	24 42	26	9
11 23 15	20	19	9	25 21	27	10
11 26 56	21	20	10	25 59	28	11
11 30 37	22	20	11	26 38	29	12
11 34 18	23	21	12	27 16	♑	13
11 37 58	24	22	12	27 54	1	14
11 41 39	25	23	13	28 33	1	15
11 45 19	26	24	14	29 11	2	16
11 49 0	27	25	14	29 50	3	17
11 52 40	28	26	15	0♐30	4	18
11 56 20	29	26	16	1 9	5	20
12 0 0	30	27	16	1 48	6	21

TABLES OF HOUSES FOR LIVERPOOL, Latitude 53° 25' N.

Top section — Panel 1

Sidereal Time.	10 ♎	11 ♎	12 ♏	Ascen ♐	2 ♑	3 ♒
H. M. S.	°	°	°	° '	°	°
12 0 0	0	27	16	1 48	6	21
12 3 40	1	28	17	2 27	7	22
12 7 20	2	29	18	3 6	8	23
12 11 0	3	♏	18	3 46	9	24
12 14 41	4	0	19	4 25	10	25
12 18 21	5	1	20	5 6	10	26
12 22 2	6	2	21	5 46	11	28
12 25 42	7	3	21	6 26	12	29
12 29 23	8	4	22	7 6	13	♓
12 33 4	9	4	23	7 46	14	1
12 36 45	10	5	24	8 27	15	2
12 40 26	11	6	24	9 8	16	3
12 44 8	12	7	25	9 49	17	5
12 47 50	13	8	26	10 30	18	6
12 51 32	14	9	26	11 12	19	7
12 55 14	15	9	27	11 54	20	8
12 58 57	16	10	28	12 36	21	10
13 2 40	17	11	28	13 19	22	11
13 6 23	18	12	29	14 2	23	12
13 10 7	19	13	♐	14 45	25	13
13 13 51	20	13	1	15 28	26	15
13 17 35	21	14	1	16 12	27	16
13 21 20	22	15	2	16 56	28	17
13 25 6	23	16	3	17 41	29	18
13 28 52	24	17	4	18 26	♒	19
13 32 38	25	17	4	19 11	1	21
13 36 25	26	18	5	19 57	3	22
13 40 12	27	19	6	20 44	4	23
13 44 0	28	20	7	21 31	5	24
13 47 48	29	21	7	22 18	7	26
13 51 37	30	21	8	23 6	8	27

Top section — Panel 2

Sidereal Time.	10 ♏	11 ♏	12 ♐	Ascen ♐	2 ♒	3 ♓
H. M. S.	°	°	°	° '	°	°
13 51 37	0	21	8	23 6	8	27
13 55 27	1	22	9	23 55	9	28
13 59 17	2	23	10	24 43	10	♈
14 3 8	3	24	10	25 33	12	1
14 6 59	4	25	11	26 23	13	2
14 10 51	5	26	12	27 14	15	4
14 14 44	6	26	13	28 6	16	5
14 18 37	7	27	13	28 59	18	6
14 22 31	8	28	14	29 52	19	8
14 26 25	9	29	15	0♑46	20	9
14 30 20	10	♐	16	1 41	22	10
14 34 16	11	1	17	2 36	23	11
14 38 13	12	2	18	3 33	25	13
14 42 10	13	2	18	4 30	26	14
14 46 8	14	3	19	5 29	28	16
14 50 7	15	4	20	6 29	♓	17
14 54 7	16	5	21	7 30	1	18
14 58 7	17	6	22	8 32	3	20
15 2 8	18	7	23	9 35	5	21
15 6 9	19	8	24	10 39	6	22
15 10 12	20	8	24	11 45	8	23
15 14 15	21	9	25	12 52	10	25
15 18 19	22	10	26	14 1	11	26
15 22 23	23	11	27	15 11	13	27
15 26 29	24	12	28	16 23	15	29
15 30 35	25	13	29	17 37	17	♉
15 34 41	26	14	♑	18 53	19	1
15 38 49	27	15	1	20 10	21	3
15 42 57	28	16	2	21 29	22	4
15 47 6	29	17	3	22 51	24	5
15 51 15	30	17	4	24 15	26	7

Top section — Panel 3

Sidereal Time.	10 ♐	11 ♐	12 ♑	Ascen ♑	2 ♓	3 ♈
H. M. S.	°	°	°	° '	°	°
15 51 15	0	17	4	24 15	26	7
15 55 25	1	18	5	25 41	28	8
15 59 36	2	19	6	27 10	♈	9
16 3 48	3	20	7	28 41	2	10
16 8 0	4	21	8	0♈14	4	12
16 12 13	5	22	9	1 50	5	13
16 16 26	6	23	10	3 30	7	14
16 20 40	7	24	11	5 13	9	15
16 24 55	8	25	12	6 58	11	17
16 29 10	9	26	13	8 46	13	18
16 33 26	10	27	14	10 38	15	19
16 37 42	11	28	15	12 32	17	20
16 41 59	12	29	16	14 31	19	22
16 46 16	13	♑	18	16 33	20	23
16 50 34	14	1	19	18 40	22	24
16 54 52	15	2	20	20 50	24	25
16 59 10	16	3	21	23 4	26	26
17 3 29	17	4	22	25 21	28	28
17 7 49	18	5	24	27 42	29	29
17 12 9	19	6	25	0♓8	♉	♊
17 16 29	20	7	26	2 37	3	1
17 20 49	21	8	28	5 10	5	3
17 25 9	22	9	29	7 46	6	4
17 29 30	23	10	♒	10 24	8	5
17 33 51	24	11	2	13 7	10	6
17 38 12	25	12	3	15 52	11	7
17 42 34	26	13	4	18 38	13	8
17 46 55	27	14	6	21 27	15	9
17 51 17	28	15	7	24 17	16	10
17 55 38	29	16	9	27 8	18	12
18 0 0	30	17	11	30	19	13

Bottom section — Panel 1

Sidereal Time.	10 ♑	11 ♑	12 ♒	Ascen ♈	2 ♉	3 ♊
H. M. S.	°	°	°	° '	°	°
18 0 0	0	17	11	0 0	19	13
18 4 22	1	18	12	2 52	21	14
18 8 43	2	20	14	5 43	23	15
18 13 5	3	21	15	8 33	24	16
18 17 26	4	22	17	11 22	25	17
18 21 48	5	23	19	14 8	27	18
18 26 9	6	24	20	16 53	28	19
18 30 30	7	25	22	19 36	♊	20
18 34 51	8	26	24	22 14	1	21
18 39 11	9	27	25	24 50	2	22
18 43 31	10	29	27	27 23	4	23
18 47 51	11	♒	28	29 52	5	24
18 52 11	12	1	♓	2♉18	6	25
18 56 31	13	2	2	4 39	8	26
19 0 50	14	4	4	6 56	9	27
19 5 8	15	5	6	9 10	10	28
19 9 26	16	6	8	11 20	11	29
19 13 44	17	7	10	13 27	12	♋
19 18 1	18	8	11	15 29	14	1
19 22 18	19	9	13	17 28	15	2
19 26 34	20	11	15	19 22	16	3
19 30 50	21	12	17	21 14	17	4
19 35 5	22	13	19	23 2	18	5
19 39 20	23	15	21	24 47	19	6
19 43 34	24	16	23	26 30	20	7
19 47 47	25	17	25	28 10	21	8
19 52 0	26	18	26	29 46	22	9
19 56 12	27	20	28	1♊20	23	10
20 0 24	28	21	♈	2 50	24	11
20 4 35	29	22	2	4 19	25	12
20 8 45	30	23	4	5 45	26	13

Bottom section — Panel 2

Sidereal Time.	10 ♒	11 ♒	12 ♓	Ascen ♊	2 ♊	3 ♋
H. M. S.	°	°	°	° '	°	°
20 8 45	0	23	4	5 45	26	13
20 12 54	1	25	6	7 9	27	14
20 17 3	2	26	8	8 31	28	16
20 21 11	3	27	9	9 50	29	16
20 25 19	4	29	11	11 7	♋	16
20 29 26	5	♓	13	12 23	1	17
20 33 31	6	1	15	13 37	2	18
20 37 37	7	3	17	14 49	3	19
20 41 41	8	4	19	15 59	4	20
20 45 45	9	5	20	17 8	5	21
20 49 48	10	7	22	18 15	6	22
20 53 51	11	8	24	19 21	7	22
20 57 52	12	10	25	20 25	7	23
21 1 53	13	11	27	21 28	8	24
21 5 53	14	12	29	22 30	9	25
21 9 53	15	13	♉	23 31	10	26
21 14 0	16	14	2	24 31	11	27
21 17 50	17	16	4	25 30	12	28
21 21 47	18	17	5	26 27	12	28
21 25 44	19	18	7	27 24	13	29
21 29 40	20	20	8	28 19	14	♌
21 33 35	21	21	10	29 14	15	1
21 37 29	22	22	11	0♋8	16	2
21 41 23	23	24	12	1 1	17	3
21 45 16	24	25	14	1 54	17	4
21 49 9	25	26	15	2 46	18	4
21 53 1	26	28	17	3 37	19	5
21 56 52	27	29	18	4 28	20	6
22 0 43	28	♈	20	5 17	20	7
22 4 33	29	2	21	6 5	21	8
22 8 23	30	3	22	6 54	22	8

Bottom section — Panel 3

Sidereal Time.	10 ♓	11 ♈	12 ♉	Ascen ♋	2 ♋	3 ♌
H. M. S.	°	°	°	° '	°	°
22 8 23	0	3	22	6 54	22	8
22 12 12	1	4	23	7 42	23	9
22 16 0	2	5	25	8 29	23	10
22 19 48	3	7	26	9 16	24	11
22 23 35	4	8	27	10 3	25	12
22 27 22	5	9	29	10 49	26	13
22 31 8	6	11	♊	11 34	26	13
22 34 54	7	12	1	12 19	27	14
22 38 40	8	13	2	13 3	28	15
22 42 25	9	14	3	13 48	29	16
22 46 23	10	16	4	14 32	29	17
22 49 53	11	17	5	15 15	♌	17
22 53 37	12	18	7	15 58	1	18
22 57 20	13	19	8	16 41	2	19
23 1 3	14	20	9	17 24	2	20
23 4 46	15	22	10	18 6	3	21
23 8 28	16	23	11	18 48	4	21
23 12 10	17	24	12	19 30	4	22
23 15 52	18	25	13	20 11	5	23
23 19 34	19	27	14	20 52	6	24
23 23 15	20	28	15	21 33	6	25
23 26 56	21	29	16	22 14	7	26
23 30 37	22	♉	17	22 54	8	26
23 34 18	23	1	18	23 34	9	27
23 37 58	24	2	19	24 14	9	28
23 41 39	25	4	20	24 54	10	29
23 45 19	26	5	21	25 35	11	♍
23 49 0	27	6	22	26 14	11	0
23 52 40	28	7	22	26 54	12	1
23 56 20	29	8	23	27 33	13	2
24 0 0	30	9	24	28 12	14	3

TABLES OF HOUSES FOR NEW YORK, Latitude 40° 43' N.

Upper section

Block 1

Sidereal Time (H. M. S.)	10 ♈	11 ♉	12 ♊	Ascen ♋	2 ♌	3 ♍
0 0 0	0	6	15	18 53	8	1
0 3 40	1	7	16	19 38	9	2
0 7 20	2	8	17	20 23	10	3
0 11 0	3	9	18	21 12	11	4
0 14 41	4	11	19	21 55	12	5
0 18 21	5	12	20	22 40	12	5
0 22 2	6	13	21	23 24	13	6
0 25 42	7	14	22	24 8	14	7
0 29 23	8	15	23	24 54	15	8
0 33 4	9	16	23	25 37	15	9
0 36 45	10	17	24	26 22	16	10
0 40 26	11	18	25	27 5	17	11
0 44 8	12	19	26	27 50	18	12
0 47 50	13	20	27	28 33	19	13
0 51 32	14	21	28	29 18	19	13
0 55 14	15	22	28	0 ♌ 3	20	14
0 58 57	16	23	29	0 46	21	15
1 2 40	17	24	♋	1 31	22	16
1 6 23	18	25	1	2 14	22	17
1 10 7	19	26	2	2 58	23	18
1 13 51	20	27	3	3 43	24	19
1 17 35	21	28	4	4 27	25	20
1 21 20	22	29	4	5 12	25	21
1 25 6	23	♊	5	5 56	26	22
1 28 52	24	1	6	6 40	27	22
1 32 38	25	2	7	7 25	28	23
1 36 25	26	2	8	8 9	29	24
1 40 12	27	3	9	8 53	♍	24
1 44 0	28	4	10	9 38	1	26
1 47 48	29	5	10	10 24	1	27
1 51 37	30	6	11	11 8	2	28

Block 2

Sidereal Time (H. M. S.)	10 ♉	11 ♊	12 ♋	Ascen ♌	2 ♍	3 ♍
1 51 37	0	6	11	11 8	2	28
1 55 27	1	7	12	11 53	3	29
1 59 17	2	8	13	12 38	4	♎
2 3 8	3	9	14	13 22	5	1
2 6 59	4	10	15	14 8	5	2
2 10 51	5	11	15	14 53	6	3
2 14 44	6	12	16	15 39	7	4
2 18 37	7	13	17	16 24	8	4
2 22 31	8	14	18	17 10	9	5
2 26 25	9	15	19	17 56	10	6
2 30 20	10	16	20	18 41	10	7
2 34 16	11	17	20	19 27	11	8
2 38 13	12	18	21	20 14	12	9
2 42 10	13	19	22	21 0	13	10
2 46 8	14	19	23	21 47	14	11
2 50 7	15	20	24	22 33	15	12
2 54 7	16	21	25	23 20	16	13
2 58 7	17	22	25	24 7	17	14
3 2 8	18	23	26	24 54	17	15
3 6 9	19	24	27	25 42	18	16
3 10 12	20	25	28	26 29	19	17
3 14 15	21	26	29	27 17	20	18
3 18 19	22	27	♌	28 4	21	19
3 22 23	23	27	1	28 52	22	20
3 26 29	24	29	1	29 40	23	21
3 30 35	25	♋	2	0 ♍ 29	24	22
3 34 41	26	1	3	1 17	24	23
3 38 49	27	2	4	2 6	25	24
3 42 57	28	3	5	2 55	26	25
3 47 6	29	4	6	3 44	26	26
3 51 15	30	5	7	4 32	28	27

Block 3

Sidereal Time (H. M. S.)	10 ♊	11 ♋	12 ♌	Ascen ♍	2 ♍	3 ♎
3 51 15	0	5	7	4 32	28	27
3 55 25	1	6	8	5 22	29	28
3 59 36	2	6	8	6 10	♎	29
4 3 48	3	7	9	7 0	1	♏
4 8 0	4	8	10	7 49	2	1
4 12 13	5	9	11	8 40	3	2
4 16 26	6	10	12	9 30	4	3
4 20 40	7	11	13	10 19	4	4
4 24 55	8	12	14	11 10	5	5
4 29 10	9	13	15	12 0	6	6
4 33 26	10	14	16	12 51	7	7
4 37 42	11	15	16	13 41	8	8
4 41 59	12	16	17	14 32	9	9
4 46 16	13	17	18	15 23	10	10
4 50 34	14	18	19	16 14	11	11
4 54 52	15	19	20	17 5	12	12
4 59 10	16	20	21	17 56	13	13
5 3 29	17	21	22	18 47	14	14
5 7 49	18	22	23	19 39	15	15
5 12 9	19	23	24	20 30	16	16
5 16 29	20	24	25	21 22	17	17
5 20 49	21	25	26	22 13	18	18
5 25 9	22	26	26	23 5	18	19
5 29 30	23	27	27	23 57	19	20
5 33 51	24	28	28	24 49	20	21
5 38 12	25	29	29	25 40	21	22
5 42 34	26	♌	♍	26 32	22	22
5 46 55	27	1	1	27 25	23	23
5 51 17	28	2	2	28 16	24	24
5 55 38	29	3	3	29 8	25	25
6 0 0	30	4	4	30 0	26	26

Lower section

Block 1

Sidereal Time (H. M. S.)	10 ♋	11 ♌	12 ♍	Ascen ♎	2 ♎	3 ♏
6 0 0	0	4	4	0 0	26	26
6 4 22	1	5	5	0 52	27	27
6 8 43	2	6	6	1 44	28	28
6 13 5	3	6	7	2 35	29	29
6 17 26	4	7	8	3 28	♏	♐
6 21 48	5	8	9	4 20	1	1
6 26 9	6	9	10	5 11	2	2
6 30 30	7	10	11	6 3	3	3
6 34 51	8	11	12	6 55	3	4
6 39 11	9	12	13	7 47	4	5
6 43 31	10	13	14	8 38	5	6
6 47 51	11	14	15	9 30	6	7
6 52 11	12	15	15	10 21	7	8
6 56 31	13	16	16	11 13	8	9
7 0 50	14	17	17	12 4	9	10
7 5 8	15	18	18	12 55	10	11
7 9 26	16	19	19	13 46	11	12
7 13 44	17	20	20	14 37	12	13
7 18 1	18	21	21	15 28	13	14
7 22 18	19	22	22	16 19	14	15
7 26 34	20	23	23	17 9	14	16
7 30 50	21	24	23	18 0	15	17
7 35 5	22	25	24	18 50	16	17
7 39 20	23	26	25	19 41	17	19
7 43 34	24	27	26	20 30	18	20
7 47 47	25	28	27	21 20	19	21
7 52 0	26	29	28	22 11	20	22
7 56 12	27	♍	29	23 0	21	23
8 0 24	28	1	♎	23 50	21	24
8 4 35	29	2	1	24 38	22	24
8 8 45	30	3	2	25 28	23	25

Block 2

Sidereal Time (H. M. S.)	10 ♌	11 ♍	12 ♎	Ascen ♎	2 ♏	3 ♐
8 8 45	0	3	2	25 28	23	25
8 12 54	1	4	3	26 17	24	26
8 17 3	2	5	4	27 5	25	27
8 21 11	3	6	5	27 54	26	28
8 25 19	4	7	6	28 43	27	29
8 29 26	5	8	7	29 31	28	♑
8 33 31	6	9	7	0 ♏ 20	29	1
8 37 37	7	10	8	1 8	29	2
8 41 41	8	11	9	1 56	♐	3
8 45 45	9	12	10	2 43	1	4
8 49 48	10	13	11	3 31	2	5
8 53 51	11	14	12	4 18	3	6
8 57 52	12	15	12	5 6	4	7
9 1 53	13	16	13	5 53	5	8
9 5 53	14	17	14	6 40	5	9
9 9 53	15	18	15	7 27	6	10
9 13 52	16	19	16	8 13	7	11
9 17 50	17	20	17	9 0	8	11
9 21 47	18	21	18	9 46	9	12
9 25 44	19	22	19	10 33	10	13
9 29 40	20	23	20	11 19	10	14
9 33 35	21	24	20	12 4	11	15
9 37 29	22	24	21	12 50	12	16
9 41 23	23	25	22	13 36	13	17
9 45 16	24	26	23	14 21	14	18
9 49 9	25	27	24	15 7	15	19
9 53 1	26	28	24	15 52	15	20
9 56 52	27	29	25	16 37	16	21
10 0 43	28	♎	26	17 22	17	22
10 4 33	29	1	27	18 7	18	23
10 8 23	30	2	28	18 52	19	24

Block 3

Sidereal Time (H. M. S.)	10 ♍	11 ♎	12 ♎	Ascen ♏	2 ♐	3 ♑
10 8 23	0	2	28	18 52	19	24
10 12 12	1	3	29	19 36	20	25
10 16 0	2	4	29	20 20	20	26
10 19 48	3	5	♏	21 7	21	27
10 23 35	4	6	1	21 51	22	28
10 27 22	5	7	1	22 35	23	29
10 31 8	6	7	2	23 20	24	♒
10 34 54	7	8	3	24 4	25	1
10 38 40	8	9	4	24 48	25	2
10 42 25	9	10	5	25 33	26	3
10 46 9	10	11	6	26 17	27	3
10 49 53	11	12	7	27 2	28	5
10 53 37	12	13	7	27 46	29	6
10 57 20	13	14	8	28 29	♑	6
11 1 3	14	15	9	29 14	1	7
11 4 46	15	16	10	29 57	1	8
11 8 28	16	17	11	0 ♐ 42	2	9
11 12 10	17	18	11	1 27	3	10
11 15 52	18	18	12	2 10	4	11
11 19 34	19	19	13	2 55	5	12
11 23 15	20	20	14	3 38	6	13
11 26 56	21	21	14	4 23	7	14
11 30 37	22	22	15	5 6	7	15
11 34 18	23	23	16	5 52	8	16
11 37 58	24	23	17	6 36	9	17
11 41 39	25	24	18	7 20	10	18
11 45 19	26	25	18	8 5	11	19
11 49 0	27	26	19	8 48	12	20
11 52 40	28	27	20	9 37	13	22
11 56 20	29	28	21	10 22	14	23
12 0 0	30	29	21	11 7	15	24

TABLES OF HOUSES FOR NEW YORK, Latitude 40° 43' N.

Sidereal Time	10 ♎	11 ♎	12 ♏	Ascen ♐	2 ♑	3 ♒	Sidereal Time	10 ♏	11 ♏	12 ♐	Ascen ♑	2 ♒	3 ♓	Sidereal Time	10 ♐	11 ♐	12 ♑	Ascen ♒	2 ♓	3 ♉
H. M. S.	°	°	°	° '	°	°	H. M. S.	°	°	°	° '	°	°	H. M. S.	°	°	°	° '	°	°
12 0 0	0	29	21	11 7	15	24	13 51 37	0	25	15	5 35	16	27	15 51 15	0	21	13	9 8	27	4
12 3 40	1	♏	22	11 52	16	25	13 55 27	1	25	16	6 30	17	29	15 55 25	1	22	14	10 31	28	5
12 7 20	2	1	23	12 37	17	26	13 59 17	2	26	17	7 27	18	♈	15 59 36	2	23	15	11 56	♈	6
12 11 0	3	1	24	13 19	17	27	14 3 8	3	27	18	8 23	20	1	16 3 48	3	24	16	13 23	1	7
12 14 41	4	2	25	14 7	18	28	14 6 59	4	28	18	9 20	21	2	16 8 0	4	25	17	14 50	3	9
12 18 21	5	3	25	14 52	19	29	14 10 51	5	29	19	10 18	22	3	16 12 13	5	26	18	16 9	4	10
12 22 2	6	4	26	15 38	20	♈	14 14 44	6	♐	20	11 16	23	5	16 16 26	6	27	19	17 50	6	11
12 25 42	7	5	27	16 23	21	1	14 18 37	7	1	21	12 15	24	6	16 20 40	7	28	20	19 22	7	12
12 29 23	8	6	28	17 11	22	2	14 22 31	8	2	22	13 15	26	7	16 24 55	8	29	21	20 56	9	13
12 33 4	9	6	28	17 58	23	3	14 26 25	9	2	23	14 16	27	8	16 29 10	9	♑	22	22 30	11	15
12 36 45	10	7	29	18 45	24	4	14 30 20	10	3	24	15 17	28	9	16 33 26	10	1	23	24 7	12	16
12 40 26	11	8	♐	19 32	25	5	14 34 16	11	4	24	16 19	♓	11	16 37 42	11	2	24	25 44	14	17
12 44 8	12	9	1	20 20	26	7	14 38 13	12	5	25	17 23	1	12	16 41 59	12	3	26	27 23	15	18
12 47 50	13	10	2	21 8	27	8	14 42 10	13	6	26	18 27	2	13	16 46 16	13	4	27	29 4	17	19
12 51 32	14	11	2	21 57	28	9	14 46 8	14	7	27	19 32	4	14	16 50 34	14	5	28	0♓45	18	20
12 55 14	15	12	3	22 43	29	11	14 50 7	15	8	28	20 37	5	16	16 54 52	15	6	29	2 27	20	22
12 58 57	16	13	4	23 33	♒	11	14 54 7	16	9	29	21 44	6	17	16 59 10	16	7	♒	4 11	21	23
13 2 40	17	13	5	24 22	1	12	14 58 7	17	10	♑	22 51	8	18	17 3 29	17	8	2	5 56	23	24
13 6 23	18	14	6	25 11	2	13	15 2 8	18	10	1	23 59	9	19	17 7 49	18	9	3	7 43	24	25
13 10 7	19	15	7	26 1	3	15	15 6 9	19	11	2	25 9	11	20	17 12 9	19	10	4	9 30	26	26
13 13 51	20	16	7	26 51	5	16	15 10 12	20	12	3	26 19	12	22	17 16 29	20	11	5	11 18	27	27
13 17 35	21	17	8	27 40	6	17	15 14 15	21	13	4	27 31	14	24	17 20 49	21	12	7	13 8	29	28
13 21 20	22	18	9	28 32	7	18	15 18 19	22	14	5	28 43	15	24	17 25 9	22	13	8	14 57	♉	♊
13 25 6	23	19	10	29 23	8	19	15 22 23	23	15	6	29 57	16	25	17 29 30	23	14	9	16 48	2	1
13 28 52	24	19	10	0♑14	9	20	15 26 29	24	16	6	1♒14	18	26	17 33 51	24	15	10	18 41	3	2
13 32 38	25	20	11	1 7	10	21	15 30 35	25	17	7	2 28	19	28	17 38 12	25	16	12	20 33	5	3
13 36 25	26	21	12	2 0	11	23	15 34 41	26	18	8	3 46	21	29	17 42 34	26	17	13	22 25	6	4
13 40 12	27	22	13	2 52	12	24	15 38 49	27	19	9	5 5	22	♉	17 46 55	27	19	14	24 19	7	5
13 44 0	28	23	13	3 46	13	25	15 42 57	28	20	10	6 25	24	1	17 51 17	28	20	16	26 12	9	6
13 47 48	29	24	14	4 41	15	26	15 47 6	29	21	11	7 46	25	2	17 55 38	29	21	17	28 7	10	7
13 51 37	30	25	15	5 35	16	27	15 51 15	30	21	13	9 8	27	4	18 0 0	30	22	18	30 0	12	9

Sidereal Time	10 ♑	11 ♑	12 ♒	Ascen ♈	2 ♉	3 ♊	Sidereal Time	10 ♒	11 ♒	12 ♈	Ascen ♉	2 ♊	3 ♋	Sidereal Time	10 ♓	11 ♈	12 ♉	Ascen ♊	2 ♋	3 ♌
H. M. S.	°	°	°	° '	°	°	H. M. S.	°	°	°	° '	°	°	H. M. S.	°	°	°	° '	°	°
18 0 0	0	22	18	0 0	12	9	20 8 45	0	26	3	20 52	17	9	22 8 23	0	3	14	24 25	15	5
18 4 22	1	23	20	1 53	13	10	20 12 54	1	27	5	22 14	18	9	22 12 12	1	4	15	25 19	16	6
18 8 43	2	25	21	3 48	14	11	20 17 3	2	29	6	23 35	19	10	22 16 0	2	5	17	26 14	17	7
18 13 5	3	25	23	5 41	16	12	20 21 11	3	♓	8	24 55	20	11	22 19 48	3	6	18	27 8	18	7
18 17 26	4	26	24	7 35	17	13	20 25 19	4	1	9	26 14	21	12	22 23 35	4	7	19	28 0	18	9
18 21 48	5	27	25	9 27	18	14	20 29 26	5	2	11	27 32	22	13	22 27 22	5	8	20	28 53	19	10
18 26 9	6	28	27	11 19	20	15	20 33 31	6	3	12	28 46	23	14	22 31 8	6	10	21	29 46	20	11
18 30 30	7	29	28	13 12	21	16	20 37 37	7	5	14	0♊11	24	15	22 34 54	7	11	22	0♋37	21	11
18 34 51	8	♒	♓	15 3	22	17	20 41 41	8	6	15	1 17	25	16	22 38 40	8	12	23	1 28	21	12
18 39 11	9	2	1	16 52	23	18	20 45 45	9	7	16	2 29	26	17	22 42 25	9	13	24	2 20	22	13
18 43 31	10	3	3	18 42	25	19	20 49 48	10	8	18	3 41	27	18	22 46 9	10	15	25	3 9	23	14
18 47 51	11	4	4	20 30	26	20	20 53 51	11	10	19	4 51	28	19	22 49 53	11	15	27	3 59	24	15
18 52 11	12	5	5	22 17	27	21	20 57 52	12	11	21	6 1	29	20	22 53 37	12	17	28	4 49	24	16
18 56 31	13	6	7	24 4	29	22	21 1 53	13	12	22	7 9	♋	21	22 57 20	13	18	29	5 38	25	17
19 0 50	14	7	9	25 49	♊	23	21 5 53	14	13	24	8 16	1	22	23 1 3	14	19	Ⅱ	6 27	26	17
19 5 8	15	9	10	27 33	1	24	21 9 53	15	14	25	9 23	2	23	23 4 46	15	20	1	7 17	27	18
19 9 26	16	10	12	29 15	2	25	21 13 52	16	16	26	10 30	3	23	23 8 28	16	21	2	8 3	28	19
19 13 44	17	11	13	0♉56	3	26	21 17 50	17	17	28	11 33	4	24	23 12 10	17	22	3	8 52	28	20
19 18 1	18	12	15	2 37	4	27	21 21 47	18	18	29	12 37	5	25	23 15 52	18	23	4	9 40	29	21
19 22 18	19	13	16	4 16	6	28	21 25 44	19	19	♉	13 41	6	26	23 19 34	19	24	5	10 28	♌	22
19 26 34	20	14	18	5 53	7	29	21 29 40	20	21	1	14 43	6	27	23 23 15	20	26	6	11 15	1	23
19 30 50	21	16	19	7 30	8	♋	21 33 35	21	22	3	15 44	7	28	23 26 56	21	27	7	12 2	2	23
19 35 5	22	17	21	9 4	9	1	21 37 29	22	23	4	16 45	8	28	23 30 37	22	28	8	12 49	3	24
19 39 20	23	18	22	10 38	10	2	21 41 23	23	24	6	17 45	9	29	23 34 18	23	29	9	13 37	3	25
19 43 34	24	19	24	12 10	11	3	21 45 16	24	25	7	18 44	10	♌	23 37 58	24	♉	10	14 22	4	26
19 47 47	25	20	25	13 41	12	4	21 49 9	25	27	8	19 42	11	1	23 41 39	25	1	11	15 8	5	27
19 52 0	26	21	27	15 10	13	5	21 53 1	26	28	9	20 40	12	2	23 45 19	26	2	12	15 53	5	28
19 56 12	27	22	29	16 41	15	6	21 56 52	27	29	11	21 37	12	3	23 49 0	27	3	12	16 41	6	29
20 0 24	28	24	♈	18 4	15	7	22 0 43	28	♈	12	22 33	13	4	23 52 40	28	4	13	17 23	7	29
20 4 35	29	25	2	19 29	16	8	22 4 33	29	1	13	23 30	14	5	23 56 20	29	5	14	18 8	8	♍
20 8 45	30	26	3	20 52	17	9	22 8 23	30	2	14	24 25	15	5	24 0 0	30	6	15	18 53	9	1

PROPORTIONAL LOGARITHMS FOR FINDING THE PLANETS' PLACES
DEGREES OR HOURS

M i n	0	1	2	3	4	5	6	7	8	9	10	11	12	13	14	15	M i n
0	3.1584	1.3802	1.0792	9031	7781	6812	6021	5351	4771	4260	3802	3388	3010	2663	2341	2041	0
1	3.1584	1.3730	1.0756	9007	7763	6798	6009	5341	4762	4252	3795	3382	3004	2657	2336	2036	1
2	2.8573	1.3660	1.0720	8983	7745	6784	5997	5330	4753	4244	3788	3375	2998	2652	2330	2032	2
3	2.6812	1.3590	1.0685	8959	7728	6769	5985	5320	4744	4236	3780	3368	2992	2646	2325	2027	3
4	2.5563	1.3522	1.0649	8935	7710	6755	5973	5310	4735	4228	3773	3362	2986	2640	2320	2022	4
5	2.4594	1.3454	1.0614	8912	7692	6741	5961	5300	4726	4220	3766	3355	2980	2635	2315	2017	5
6	2.3802	1.3388	1.0580	8888	7674	6726	5949	5289	4717	4212	3759	3349	2974	2629	2310	2012	6
7	2.3133	1.3323	1.0546	8865	7657	6712	5937	5279	4708	4204	3752	3342	2968	2624	2305	2008	7
8	2.2553	1.3258	1.0511	8842	7639	6698	5925	5269	4699	4196	3745	3336	2962	2618	2300	2003	8
9	2.2041	1.3195	1.0478	8819	7622	6684	5913	5259	4690	4188	3737	3329	2956	2613	2295	1998	9
10	2.1584	1.3133	1.0444	8796	7604	6670	5902	5249	4682	4180	3730	3323	2950	2607	2289	1993	10
11	2.1170	1.3071	1.0411	8773	7587	6656	5890	5239	4673	4172	3723	3316	2944	2602	2284	1988	11
12	2.0792	1.3010	1.0378	8751	7570	6642	5878	5229	4664	4164	3716	3310	2938	2596	2279	1984	12
13	2.0444	1.2950	1.0345	8728	7552	6628	5866	5219	4655	4156	3709	3303	2933	2591	2274	1979	13
14	2.0122	1.2891	1.0313	8706	7535	6614	5855	5209	4646	4148	3702	3297	2927	2585	2269	1974	14
15	1.9823	1.2833	1.0280	8683	7518	6600	5843	5199	4638	4141	3695	3291	2921	2580	2264	1969	15
16	1.9542	1.2775	1.0248	8661	7501	6587	5832	5189	4629	4133	3688	3284	2915	2574	2259	1965	16
17	1.9279	1.2719	1.0216	8639	7484	6573	5820	5179	4620	4125	3681	3278	2909	2569	2254	1960	17
18	1.9031	1.2663	1.0185	8617	7467	6559	5809	5169	4611	4117	3674	3271	2903	2564	2249	1955	18
19	1.8796	1.2607	1.0153	8595	7451	6546	5797	5159	4603	4109	3667	3265	2897	2558	2244	1950	19
20	1.8573	1.2553	1.0122	8573	7434	6532	5786	5149	4594	4102	3660	3258	2891	2553	2239	1946	20
21	1.8361	1.2499	1.0091	8552	7417	6519	5774	5139	4585	4094	3653	3252	2885	2547	2234	1941	21
22	1.8159	1.2445	1.0061	8530	7401	6505	5763	5129	4577	4086	3646	3246	2880	2542	2229	1936	22
23	1.7966	1.2393	1.0030	8509	7384	6492	5752	5120	4568	4079	3639	3239	2874	2536	2223	1932	23
24	1.7781	1.2341	1.0000	8487	7368	6478	5740	5110	4559	4071	3632	3233	2868	2531	2218	1927	24
25	1.7604	1.2289	0.9970	8466	7351	6465	5729	5100	4551	4063	3625	3227	2862	2526	2213	1922	25
26	1.7434	1.2239	0.9940	8445	7335	6451	5718	5090	4542	4055	3618	3220	2856	2520	2208	1917	26
27	1.7270	1.2188	0.9910	8424	7318	6438	5706	5081	4534	4048	3611	3214	2850	2515	2203	1913	27
28	1.7112	1.2139	0.9881	8403	7302	6425	5695	5071	4525	4040	3604	3208	2845	2509	2198	1908	28
29	1.6960	1.2090	0.9852	8382	7286	6412	5684	5061	4516	4032	3597	3201	2839	2504	2193	1903	29
30	1.6812	1.2041	0.9823	8361	7270	6398	5673	5051	4508	4025	3590	3195	2833	2499	2188	1899	30
31	1.6670	1.1993	0.9794	8341	7254	6385	5662	5042	4499	4017	3583	3189	2827	2493	2183	1894	31
32	1.6532	1.1946	0.9765	8320	7238	6372	5651	5032	4491	4010	3576	3183	2821	2488	2178	1889	32
33	1.6398	1.1899	0.9737	8300	7222	6359	5640	5023	4482	4002	3570	3176	2816	2483	2173	1885	33
34	1.6269	1.1852	0.9708	8279	7206	6346	5629	5013	4474	3994	3563	3170	2810	2477	2168	1880	34
35	1.6143	1.1806	0.9680	8259	7190	6333	5618	5003	4466	3987	3556	3164	2804	2472	2164	1875	35
36	1.6021	1.1761	0.9652	8239	7174	6320	5607	4994	4457	3979	3549	3157	2798	2467	2159	1871	36
37	1.5902	1.1716	0.9625	8219	7159	6307	5596	4984	4449	3972	3542	3151	2793	2461	2154	1866	37
38	1.5786	1.1671	0.9597	8199	7143	6294	5585	4975	4440	3964	3535	3145	2787	2456	2149	1862	38
39	1.5673	1.1627	0.9570	8179	7128	6282	5574	4965	4432	3957	3529	3139	2781	2451	2144	1857	39
40	1.5563	1.1584	0.9542	8159	7112	6269	5563	4956	4424	3949	3522	3133	2775	2445	2139	1852	40
41	1.5456	1.1540	0.9515	8140	7097	6256	5552	4947	4415	3942	3515	3126	2770	2440	2134	1848	41
42	1.5351	1.1498	0.9488	8120	7081	6243	5541	4937	4407	3934	3508	3120	2764	2435	2129	1843	42
43	1.5249	1.1455	0.9462	8101	7066	6231	5531	4928	4399	3927	3501	3114	2758	2430	2124	1838	43
44	1.5149	1.1413	0.9435	8081	7050	6218	5520	4918	4390	3919	3495	3108	2753	2424	2119	1834	44
45	1.5051	1.1372	0.9409	8062	7035	6205	5509	4909	4382	3912	3488	3102	2747	2419	2114	1829	45
46	1.4956	1.1331	0.9383	8043	7020	6193	5498	4900	4374	3905	3481	3096	2741	2414	2109	1825	46
47	1.4863	1.1290	0.9356	8023	7005	6180	5488	4890	4365	3897	3475	3089	2736	2409	2104	1820	47
48	1.4771	1.1249	0.9330	8004	6990	6168	5477	4881	4357	3890	3468	3083	2730	2403	2099	1816	48
49	1.4682	1.1209	0.9305	7985	6975	6155	5466	4872	4349	3882	3461	3077	2724	2398	2095	1811	49
50	1.4594	1.1170	0.9279	7966	6960	6143	5456	4863	4341	3875	3454	3071	2719	2393	2090	1806	50
51	1.4508	1.1130	0.9254	7947	6945	6131	5445	4853	4333	3868	3448	3065	2713	2388	2085	1802	51
52	1.4424	1.1091	0.9228	7929	6930	6118	5435	4844	4324	3860	3441	3059	2707	2382	2080	1797	52
53	1.4341	1.1053	0.9203	7910	6915	6106	5424	4835	4316	3853	3434	3053	2702	2377	2075	1793	53
54	1.4260	1.1015	0.9178	7891	6900	6094	5414	4826	4308	3846	3428	3047	2696	2372	2070	1788	54
55	1.4180	1.0977	0.9153	7873	6885	6081	5403	4817	4300	3838	3421	3041	2691	2367	2065	1784	55
56	1.4102	1.0939	0.9128	7854	6871	6069	5393	4808	4292	3831	3415	3034	2685	2362	2061	1779	56
57	1.4025	1.0902	0.9104	7836	6856	6057	5382	4798	4284	3824	3408	3028	2679	2356	2056	1774	57
58	1.3949	1.0865	0.9079	7818	6841	6045	5372	4789	4276	3817	3401	3022	2674	2351	2051	1770	58
59	1.3875	1.0828	0.9055	7800	6827	6033	5361	4780	4268	3809	3395	3016	2668	2346	2046	1765	59
	0	1	2	3	4	5	6	7	8	9	10	11	12	13	14	15	

RULE: – Add proportional log. of planet's daily motion to log. of time from noon, and the sum will be the log. of the motion required. Add this to planet's place at noon, if time be p.m., but subtract if a.m., and the sum will be planet's true place. If Retrograde, subtract for p.m., but add for a.m.

What is the Long. of ☽ February 13, 2008 at 2.15 p.m.?

☽'s daily motion – 14° 12'
Prop. Log. of 14° 12' 2279
Prop. Log. of 2h. 15m. 1.0280

☽'s motion in 2h. 15m. = 1° 20' or Log. 1.2559

☽'s Long. = 15° ♉ 37' + 1° 20' = 16° ♉ 57'

The Daily Motions of the Sun, Moon, Mercury, Venus and Mars will be found on pages 26 to 28.